一本 在手，出行 无忧，超

中国亲子游

沐光 编著

北京出版集团公司
北京美术摄影出版社

图书在版编目（CIP）数据

中国亲子游 / 沐光编著. — 北京：北京美术摄影出版社，2019.10
ISBN 978-7-5592-0279-6

I. ①中… II. ①沐… III. ①旅游指南 — 中国 IV. ①K928.9

中国版本图书馆CIP数据核字 (2019) 第143548号

中国亲子游
ZHONGGUO QINZI YOU

沐光　编著

出　　版　北京出版集团公司
　　　　　北京美术摄影出版社
地　　址　北京北三环中路6号
邮　　编　100120
网　　址　www.bph.com.cn
总 发 行　北京出版集团公司
发　　行　京版北美（北京）文化艺术传媒有限公司
经　　销　新华书店
印　　刷　天津联城印刷有限公司
版 印 次　2019年10月第1版第1次印刷
开　　本　889毫米×1194毫米　1/32
印　　张　8
字　　数　280千字
书　　号　ISBN 978-7-5592-0279-6
定　　价　69.00元
如有印装质量问题，由本社负责调换
质量监督电话　010-58572393

目录
Contents

第三章
看大海一定要去的 2 个地方 　　　　　　　　　　　　　109

第四章
观草原一定要去的 2 个地方 　　　　　　　　　　　　　129

第**五**章
休闲游一定要去的 4 个地方

第**六**章
访古城一定要去的 4 个地方

第 一 章
带着孩子去旅行，你都需要准备些什么

1 选择比较适合亲子游的目的地

选择亲子游的目的地时，航程远近、游玩天数、当地治安、卫生条件等都是需要考虑的因素。因为要带着孩子旅游，所以不宜选择飞行时间过长或需要多次转机才能到达的地方作为目的地，以免因长途飞行带来身体上的不适。此外，应选择那些符合孩子兴趣，能提供娱乐设施的景点，如科技馆、动物园、海底世界等，这些景点不仅能让孩子感兴趣，而且还能激发他们的好奇心和求知欲。总体而言，比较适合亲子游的地方主要有以下几种。

- 自然科学类：如海洋公园、野生动物园、森林公园、植物园、海岛、博物馆、科技馆等。
- 以"动感、新奇、刺激"为主题的公园 / 游乐场：如迪士尼、欢乐谷等。
- 历史人文类：如北京故宫博物院、万里长城和西安兵马俑等。
- 民俗游：以休闲和深入体验民俗风情为主题的旅游区域，如云南的大理、丽江，广西的桂林、阳朔等。

2 让孩子成为旅行的参与者而不是跟随者

- 通过阅览地图或相关景点的图片，增加孩子对旅游目的地的了解。
- 在孩子力所能及的范围内，提前给他们布置一些旅行任务，培养孩子的自理能力和责任意识。
- 为孩子准备探索自然的工具，以便在旅行途中帮助他们收集感兴趣的东西，激发孩子的求知欲。
- 给孩子准备一个空白的涂鸦本，让孩子写写画画，培养他们的动手能力，激发他们的思维潜能。

- 在出发之前，同孩子学习一些旅途中必须要了解的急救知识，告诉孩子在旅途中或许会出现各种各样的意外情况，让孩子做好充足的心理准备。

3　做好规划，让孩子玩得更开心

● 根据孩子的身体状况安排活动，行程不宜过于紧密，一地式的短程旅游最为理想，可以根据孩子的情况自由调整行程。旅途中应尽量安排孩子在一些较空旷的地方，如公园、广场等地方活动。

● 提前做好功课，根据孩子的喜好选择景点和路线，选择有助于令孩子留下深刻记忆的地方旅行，例如到海边拾贝壳、去海洋馆观看动物表演等。

● 外出旅游一般都选择近山近水之处，登山时一定要集中注意力，在陆峭处观景时应当停止行进，避免因脚步踩空而发生危险。对于不了解或者没有正式开放的水域，要告诉孩子绝对不要下水游泳。

● 准备一块野餐布，在海边、草坪上都能用得到。孩子坐在野餐布上玩耍、吃东西，既可以防水，又可以避免因为接触沙子或草地而感到不舒服。

● 孩子在长途旅行中通常会感到无聊，可以跟孩子做些小活动，玩点儿小游戏，不要在孩子闹起来之后才设法使他安静。

4　必须了解的急救知识

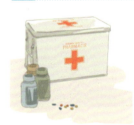

● **晕动病**

症状： 头晕、恶心、呕吐、头疼、出冷汗、脸色苍白、流口水或口水增多。

处理方法： 如果是乘坐汽车出行，那就马上把车停在路边最近的休息区，让孩子下车呼吸一些新鲜空气；如果是乘坐飞机出行，可以请乘务员尽可能给孩子安排一个靠近机翼的位置坐下；如果是乘坐游船出行，可以马上把孩子抱到甲板上，尽量让他往正前方的海平线处看。另外，喝点儿煮熟的姜水对治疗晕动病也很有帮助。

如何预防： 出发前，最好让孩子吃些易消化的食物，比如饼干，还可以多给孩子喝点儿水，防止出现脱水的情况，也可以咨询医生是否能给孩子吃点儿晕车药来预防。

● **耳鸣**

症状： 耳朵疼，难受，不会说话的孩子则会一边抓着自己的耳朵，一边哭闹不止。

处理方法： 这种情况多出现在飞机起飞或着陆的时候，可以让孩子喝点儿水或吃些东西，因为吞咽可以缓解气压给耳朵带来的痛苦。

如何预防： 提前对孩子进行培训，告诉他飞机起飞和着陆时要学妈妈的样子咽口水，直接告诉他在飞机上的感觉，让他做好心理准备。另外，在出发前还可以咨询医生，是否可以给孩子服用一些缓解痛苦的药物。

● 腹泻

症状： 一天排便 5~6 次，且都是水样的便便。

处理方法： 孩子总会在旅途中出现腹泻的情况，造成这种情况发生的原因，可能是因为生活习惯发生了改变，也可能是出现了大家常说的水土不服，严重一点儿的可能是因为感染了某些细菌。不必着急，大多数情况下只要护理好孩子，很快就能痊愈。这时你要先给孩子补充一些电解质溶液，防止孩子出现脱水的情况。饮食上要多给孩子吃一些清淡的食物，随身携带的止泻药这时候也该登场了。如果在腹泻的同时还伴有呕吐、大便出血等症状，就要马上就医了。

如何预防： 如果你们是在外面野营，那么就需要保证食物是新鲜的，制作的时候也一定要将食物煮熟；如果是到外地旅游，最好给孩子喝瓶装水。

● 晒伤

症状： 被晒伤的皮肤通常发红，有一点儿肿，还会有灼热的感觉。

处理方法： 儿童的皮肤比成人的要细嫩得多，抗紫外线的能力也小得多，如果孩子被晒伤了，就要先进行冷敷，用冷毛巾在晒伤的部位敷上 10~15 分钟。如果你觉得自己处理不了，可以到当地的医院做检查。这期间最好让孩子多休息，多吃些水果，补充维生素，促进皮肤的恢复。

如何预防： 旅游期间如果孩子的皮肤被晒伤了会很难受，所以提前预防比事后治疗更重要。如果带孩子去海边旅行，那么白天就需要尽量带孩子到有树荫的地方玩耍。出发前 30 分钟要给孩子全身涂上防晒霜，且防晒指数要在 SPF15 以上，在玩耍的过程中，每隔 90 分钟就要再重新涂抹一次。别忘了给孩子戴上遮阳帽和太阳镜。

5 准备好需要携带的药品

● 在外旅游时最容易出现的儿童健康问题是肠胃不适，或因受凉引起腹泻、腹痛等症状，因此可以备一些儿童肠胃药。

● 如果是夏天出游，则要带上防蚊药，在树木、花草比较多的地方玩耍时，要尽量避免孩子被蚊虫叮咬。

● 长途旅行时，孩子很容易晕车、晕船、晕机，最好提前备好晕车药。

● 有时，孩子会因水土不服而消化不良或皮肤过敏，可提前咨询好医生，并开一些帮助消化、抗过敏及其他相关的药品备用。

● 体温计、绷带、纱布、创可贴、消毒纸巾、退烧药等最好也准备一些。

6 提前安排好衣、食、住、行

● 衣

◎ 查询出行期间所在城市与目的地每一天的天气变化情况，根据天气准备要带的衣物。

◎ 在孩子正常换洗衣物的基础上，多带 2～3 套衣物，以防发生突发状况。

◎ 要让孩子穿着宽松的服装，便于孩子活动。孩子游玩时不要穿得过多，因为容易出汗。孩子在不活动的时候，身体体温会下降，这时可拿出备好的衣服给孩子穿上，避免一冷一热而诱发感冒。

◎ 一定要带上几个干净的塑料袋，可以将孩子换下来的衣服分开存放，既方便，又卫生。

◎ 旅行时孩子可能会睡着，带一条小薄被是非常必要的，被子不要太厚，毛巾被即可。

● 食

◎ 要携带一些事先准备好的干粮，包括孩子爱吃的食物、饮料。

◎ 新鲜的水果和健康的小零食也是旅途中不可缺少的食品。

◎ 外出旅游应从总体上保持原有的饮食节律，按时就餐，避免两餐之间间隔时间过长，还要防止暴饮暴食。

◎ 尤其要注意饮食卫生，绝对不吃不干净或变质的食品，尤其是在炎热的夏季，更应提高警惕。

◎ 各地水质标准不同，可能会出现水土不服的情况，最保险的办法是将瓶装水烧开，冲兑成温水后再给孩子饮用。

● 住

◎ 出行前，最好提前订好酒店。

◎ 必要时，可以自带被单、床单和小孩的枕套，让孩子安心入睡。

◎ 保证孩子充足的睡眠。孩子听说要出去玩，通常会比较兴奋，影响睡眠。父母要做好工作，让其安心入睡，为出游积蓄精力。

◎ 入住酒店后，首先应了解安全出口在何处，以防在发生意外时不知从何处逃生。

◎ 住宿的房间内如果有电风扇或空调，应该避免夜间对人直吹。

● 行

○ 乘飞机

　　未满 2 周岁的婴儿须按成人票价的 10% 购票，不单独占用座位。如需要单独占用座位，则应购买儿童票。已满 2 周岁而未满 12 周岁的儿童按成人票价的 50% 购票。搭乘飞机时最好预订各区段第一排的座位，并询问飞机上是否有婴儿专用台或婴儿床。需要注意的是，购买婴儿机票、儿童机票时，应提供能够证明婴儿、儿童出生年月的有效证件，如出生医学证明、户口簿、身份证等。

○ 乘火车

　　身高不到 1.2 米的儿童且有成人监护，可免费乘坐火车，并允许儿童与成人共用一个卧铺。身高不满 1.2 米的儿童如要单独使用卧铺，则需要购买一张

全价卧铺票。乘坐火车时要预订下铺。乘车时，可以让孩子在车厢中适当走动，但一定要注意安全。

○ 自驾

　　对于 6 岁以下的儿童，在乘坐汽车自驾出行时，应为其配备儿童安全座椅，且最好将座椅安放在驾驶座后面的座位上。乘车时家长一定要随时检查安全带是否系好，同时要提醒孩子，不要从车窗向外伸头、伸手等。

7 教你几招拍好亲子照

● 确保照片清楚

要想拍出好照片，最关键的一点就是要对焦准确，很多单反以外的相机都已经能自动识别脸部对焦了，但单反相机大多还是要自己控制对焦点（对焦点就是取景器里那个半按快门会亮的红点，其原始位置在画面的中间，也可以根据需要将其调整到其他位置），把那个红点对焦到你要拍摄的对象上，半按快门调整焦距，直至红点对焦点处的拍摄对象呈现最清晰时完全按下快门，就能确保你所拍摄的照片是清晰的。

相机要拿稳，手不要抖，按快门时手指要放松，轻轻按压快门就可以了，越是按得轻，就越能确保相机的平稳，拍出的照片也就越清晰。

● **学会观察和利用场景**

首先要寻找和判断哪个地方适合拍照，尤其要辨别出太阳的方向，不要逆光拍摄，否则就会将人脸拍得很黑。

其次要判断出在当时的环境下是需要用广角拍摄，还是用长焦拍摄，要会在一个杂乱的环境中找到想要拍摄和表现的场景内容。当然，被拍对象的表现也很重要。比如在海边，可以带着孩子一起奔跑或是一起戏水；在船头，可以和孩子一起坐着眺望远方；在林间小道，可以牵着孩子的手一起悠然走过……

总之，融洽的画面才能造就一张好照片。

● **对照片进行后期处理也很重要**

对照片进行后期处理，裁剪是第一步。

有时，一张很普通的照片经过裁剪，对照片重新构图，就能成为一张精彩的照片。裁剪照片时，要学会做减法，不要什么内容都想呈现出来，拍照最忌讳的就是什么都要，其实只要裁剪出你最想保留的那部分内容就可以了，其他杂乱的、细微的元素都可以通通剔除在外。

原图

裁剪后的效果 1

原图

裁剪后的效果 2

原图

裁剪后的效果 3

其他的调整均根据每张照片的特性而言，最常见的就是色阶、锐化、对比度之类简单的调整，因为亲子照题材的照片主要还是以记录为主，所以通常不需要进行过多的调整。

● 告别"剪刀手"

小孩子最真实的状态就是自己玩、哭、闹，要认真记录这些瞬间，甚至还要偷拍。孩子该怎么玩怎么玩，去寻找角度拍摄，把孩子最自然的状态拍出来，最多就是在按快门的一瞬间喊一声，记录下孩子最自然的反应即可。

拍孩子，不全在于技巧，更在于你拍的有多少。拍得多了，自然会知道怎么去捕捉画面，怎么抢时间，怎么还原孩子的纯真。

孩子大了，总会有情绪，尤其是经常给他们拍照，偶尔他们也会觉得不耐烦，不配合拍照，如何才能快速地说服他们拍照呢？有时候与其讲大道理，还不如做些轻松、愉快的小交易。

● 如果对于摄影，你只是刚入门，那么拍照时就不要选择 M 拍摄模式

M 是全手动拍摄模式，需要自己动手设置需要的光圈和快门速度。这种模式一般只有在摄影棚内使用闪光灯拍摄的时候才会使用（在户外使用闪光灯或者有特定需求时也可以使用），而大多数情况下，是不会选用 M 模式的。如果你具备一定的摄影基础知识，可以使用 AV 模式拍摄，也就是光圈优先模式，只需要设定好需要的光圈大小，相机就会根据现场的光线自己调配出合适的快门速度。景深是通过光圈控制的，照片所需要表现的内容也经常会通过景深来突出和表达。

🔴 答 疑

● 光线条件不好怎么办？

光线条件不好的时候，可以提高 ISO 感光度，现在的相机在高感方面都已经做得很好了，适当提高 ISO 也不会明显降低照片的画质。在画质和清晰两个选项中，拍清晰更重要。适当用上三脚架也能够解决快门速度的问题。另外，也可以使用机顶闪光灯来弥补光线不足的问题，即使是在全黑的环境中，仍然可以拍出清晰的照片。

8 指导孩子写游记

　　随着我国素质教育的推进，学校会经常鼓励家长带着孩子去旅行，并要求在寒、暑期间能够提交相应的游记作文。譬如到某处去参观、游览，那里的景色是多么令人心旷神怡，那里的物品又是多么令人流连忘返，把这些内容记录下来就是游记。那么如何才能写好游记呢？

● 要定好写作的顺序

　　游览一处名胜或参观一项展览，总不能想起什么就写什么，想到哪里就写到哪里，一定要有一个顺序，这样才能做到"言之有序"，常用的顺序有时间顺序，可以按时间的推进组织全文，使全文时间清晰、顺序清楚；也可以按游览或参观的地点顺序来写，游览或参观了不同的地点，就把每个地点的见闻和感受写下来。

● 要安排好文章的详略

　　一篇游记要记叙的地点或事件不止一个，但是我们不能把所有的都详写，也不能所有的都略写，那样，文章就缺少了起伏，就成了流水账。这就要求文章要有详有略，使情节有起有伏。

　　紧扣文章题目的内容应详写。

　　给你印象最深的地方要详写。

　　最有特色的内容应详写。

　　最能表现中心思想的内容要详写。

　　别人了解少的内容可以详写。

● 要适当写出自己的所闻

　　所闻能补充所见的不足，使所见更加丰富、生动，所闻可以是当时听见的，也可以是以前听说的，或是通过别的途径获得的。

● 要及时写出自己的感受

　　文章有感受才有感情，写文章就是要表达自己的真情，这样，文章才能言之有情，才能拨动读者的心弦。同时在文章中要写出游览或参观的总体感受，把文章推向高潮，并在高潮中收尾，这样才能使读者回味无穷。

9 亲子旅行可随身携带的物品清单

- ☐ 家庭成员身份证
- ☐ 家庭成员身份证复印件（与身份证分开存放）
- ☐ 机票或电子机票、火车票、船票等
- ☐ 订房或租车记录（要记得预约代码）
- ☐ 驾照
- ☐ 学生证
- ☐ 信用卡
- ☐ 现金若干（进出机场时会用到）
- ☐ 地图或方便使用的旅游书
- ☐ 紧急联络电话
- ☐ 换洗衣物（依季节需要，孩子的衣服可多带几套）
- ☐ 外套（依个人和季节需要）
- ☐ 防晒霜
- ☐ 保湿乳液
- ☐ 盥洗用品（出于环保考虑，现在部分旅馆已不提供牙刷）
- ☐ 保养品
- ☐ 护肤品（带上孩子专用的）
- ☐ 化妆品
- ☐ 女士要准备好生理用品
- ☐ 雨具
- ☐ 手机
- ☐ 手机充电器
- ☐ 相机
- ☐ 相机备用电池与充电器
- ☐ 塑料袋（可作为垃圾袋使用）
- ☐ 备用小行李袋
- ☐ 常备药（感冒药、肠胃药、晕车药，备好孩子常见病用药）
- ☐ 隐形眼镜及护理用品

第 二 章
探名城一定要去的
6个地方

1 亲子游
北京

🌿 北京概况

　　北京是中华人民共和国的首都，是中国的政治中心、文化中心、国际交往中心、科技创新中心。这座城市见证了历史、汇集了古今、连接了中外，兼容并蓄、大气宽容、庄严端肃，却又不失灵秀，真可谓钟灵毓秀之地。

🏛 名胜古迹游

线路（预计需3天）

第一天： 天坛公园—天安门广场—故宫博物院—景山公园—北海公园
第二天： 圆明园—颐和园
第三天： 八达岭长城

▌ 第一天

● 天坛公园

🏠 东城区天坛东里甲1号　🚇 乘坐地铁5号线至天坛东门站下车　🕐 旺季（4月1日—10月31日）6:00开门，淡季（11月1日—次年3月31日）6:30开门。停止售票时间为20:00，静园时间为21:00，关园时间为22:00　💰 淡季10元，旺季15元

　　天坛原是明、清两代皇帝祭祀皇天后土的场所，始建于明永乐十八年（1420年），此后经过不断改造扩建，至清朝乾隆年间形成目前的规模。天坛公园分为内、外两坛。内坛由圜丘坛、祈谷坛两部分组成，南部是圜丘坛，北部是祈谷坛，一条360米长的丹陛桥连接两坛。外坛为林区，西南部有明、清时期演习祭祀礼乐及培训祭礼乐舞生的神乐署。此外，天坛公园还有九龙柏、望灯、七星石、甘泉井、燔柴炉、飞瘗坎等古迹。园

内种植各种树木 6 万多株，其中更有 3500 多株古松柏、古槐，绿地面积达 163 万平方米，环境森然静谧，气氛肃穆庄严。

● 天安门广场

🏠 东城区东长安街 🚇 乘坐地铁 1 号线至天安门东站 D 口出

天安门广场位于北京中轴线上，东起中国国家博物馆，西至人民大会堂，南至正阳门，北至天安门，东西宽 500 米，南北长 880 米，面积达 44 万平方米，是现今世界上最大的城市广场，可容纳 100 万人举行盛大集会。天安门坐落于广场的北端，建于明永乐十五年（1417 年），原名承天门，清顺治八年（1651 年）改建，后称天安门。城门五阙，重楼九楹，通高 33.7 米。在 2000 余平方米雕刻精美的汉白玉须弥基座上，是高 10 余米的红白墩台，墩台上是金碧辉煌的天安门城楼。天安门城楼下是波光粼粼的金水河，河上有 5 座雕琢精美的汉白玉石桥。城楼前两对雄健的石狮与挺秀的华表巧妙地搭配在一起。

● 故宫博物院

🏠 东城区景山前街 4 号 🚇 乘坐地铁 1 号线至天安门东站 A 口出 🕐 4 月 1 日—10 月 31 日 8:30—17:00，11 月 1 日—次年 3 月 31 日 8:30—16:30 💰 淡季（11 月 1 日—次年 3 月 31 日）40 元，旺季（4 月 1 日—10 月 31 日）60 元，珍宝馆和钟表馆门票各 10 元

故宫博物院旧称紫禁城，为明、清两代的皇宫，被誉为"世界五大宫之首"，由明朝皇帝朱棣始建，1406 年开工，1420 年建成，前后经历了明、

清两个王朝，到 1912 年清帝逊位，历经 500 多年，共有 24 位皇帝在此居住。

故宫博物院东西宽 753 米，南北长 961 米，占地面积约 72.36 万平方米，建筑面积约 15.5 万平方米。宫城周围环绕着高 10 米、长 3400 米的宫墙，是一座长方形城池，宫墙外有 52 米宽的护城河环绕，成为一座坚固的城堡。宫殿建筑均为木质结构，青白石底座、黄琉璃瓦顶，饰以金碧辉煌的彩画。故宫博物院有 4 座门，南门名午门，北门名神武门，东门名东华门，西门名西华门。故宫博物院的建筑依据其布局与功用分为外朝与内廷两大部分。外朝与内廷以乾清门为界，乾清门以南为外朝，以北为内廷。外朝、内廷的建筑布局和风格迥然不同。外朝以太和、中和、保和 3 座大殿为中心，是朝廷举行大典的地方，也称前朝，当时皇帝就是在这里举行盛典、行使权力的。此外，两翼东有文华殿、上驷院、南三所、文渊阁，西有内务府、武英殿等建筑。内廷以乾清宫、坤宁宫、交泰殿 3 座宫殿为中心，两翼为养心殿、东六宫、西六宫、毓庆宫、斋宫，后有御花园，是帝王与后妃居住的地方。宁寿宫是当年乾隆皇帝退位后为养老而修建的宫殿。内廷西部还有慈宁宫、寿安宫等。此外还有重华宫、北五所等建筑。

故宫博物院藏有大量珍贵文物，占全国文物总数的 1/6。里面一些宫殿中还设立了综合性的绘画馆、历史艺术馆、青铜器馆、明清工艺美术馆、分类的陶瓷馆、文房四宝馆、玩物馆、铭刻馆、玩具馆、珍宝馆、钟表馆和清代宫廷典章文物展览等。

● 景山公园

🏠 西城区景山西街 44 号 🚌 乘坐 111、124 路公交车在景山东门站下车 🕐 夏季 6:30—21:00，冬季 6:30—20:00 💲 2 元

景山公园位于北京城中轴线上，地处故宫北面，是我国历史悠久、保存完整的宫苑园林之一，站在景山山顶，可以俯瞰故宫博物院。辽太宗耶律德光在北海建瑶屿行宫，将挖出的北海泥土分别堆在景山与琼华岛两个较大的土丘之上，自此，便有了景山。到了元代，皇帝忽必烈将景山划为皇城的重要组成部分。清乾隆年间，在山前修建了绮望楼、五方佛亭、万春亭等。1928 年开辟为公园，园内现有古松柏 1000 余株，种植有牡丹、芍药等花卉几万株，三季花开不败，松柏四季常青。

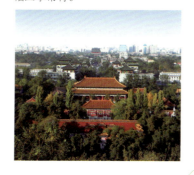

● 北海公园

🏠 西城区文津街 1 号　🚇 乘坐地铁 6 号线至北海北站下车　🕐 旺季（4 月 1 日—10 月 31 日）6:30—21:00（20:30 停止入园），淡季（11 月 1 日—次年 3 月 31 日）6:30—20:00（19:30 停止入园）　💰 旺季 10 元，淡季 5 元

北海公园是中国现存最悠久、保存最完整的皇家园林之一，距今已有近千年的历史。公园占地 69 万平方米，主要由琼华岛和北海湖组成。琼华岛上亭台楼阁错落有致，树木苍郁，殿宇栉比。北海白塔是公园的标志性建筑。环湖垂柳掩映着濠濮间、九龙壁、画舫斋、天王殿、快雪堂、小西天、静心斋、五龙亭等著名景点。辛亥革命后的 1925 年，北海被辟为公园对外开放。1949 年后，北海公园受到政府重视，拨巨资予以修葺。那首脍炙人口的歌曲《让我们荡起双桨》中唱的就是北海风光。

🌱 收获

中国最后的两个王朝均建都北京，这里留下了世界上现存最大、最完整的宫殿——故宫博物院；这里有中国现今保存最好的皇家园林——北海公园；这里还有中国祭祀文化最直观的见证——天坛。通过游览这些地方，我们可以更深刻地体会到先人的伟大智慧。

第二天

● 圆明园

🏠 海淀区清华西路 28 号　🚇 乘坐地铁 4 号线至圆明园站下车　🕐 1 月—3 月 15 日、10 月 16 日—12 月售票时间为 7:00—17:30，开、闭园时间为 7:00—19:30；3 月 16 日—4 月、9 月—10 月 15 日售票时间为 7:00—18:00，开、闭园时间为 7:00—20:00；5—8 月售票时间为 7:00—19:00，开、闭园时间为 7:00—21:00　💰 10 元

圆明园建筑面积为 20 万平方米，园林面积 350 万平方米，是清朝帝王在 150 余年间创建和经营的一座大型皇家宫苑。圆明园继承了中国 3000 多年的优秀造园传统，既有江南水乡园林的委婉多姿，又有宫廷建筑的雍容华贵。同时，圆明园还吸取了欧洲园林的建筑形式，将不同风格的园林建筑融为一体。清咸丰十年（1860 年）10 月，圆明园惨遭英法联军劫掠焚毁，之后又经历了无数次毁灭和劫掠，一代名园最终沦为一片废墟。

● 颐和园

🏠 海淀区新建宫门路 19 号 🚌 乘坐地铁 4 号线至北宫门站下车 🕐 旺季（4 月 1 日—10 月 31 日）6:30—18:00，淡季（11 月 1 日—次年 3 月 31 日）7:00—17:00 💰 淡季 20 元，联票 50 元；旺季 30 元，联票 60 元

颐和园始建于清乾隆十五年（1750 年），于清乾隆二十九年（1764 年）建成，原名清漪园，占地面积约 290 万平方米，湖水面积约占 3/4，原是清朝帝王的行宫和花园，是以昆明湖、万寿山为基址，以杭州西湖风景为蓝本，汲取江南园林的某些设计手法和意境建造而成的一座大型天然山水园，也是现今保存得最完整的一座皇家行宫御苑。清咸丰十年（1860 年）被英法联军焚毁。后来慈禧太后以筹措海军经费的名义动用了 3000 万两白银重建清漪园，并改名为颐和园。清光绪二十六年（1900 年），颐和园遭八国联军破坏，许多建筑物被毁，

清光绪二十八年（1902 年）重修。园内建筑以佛香阁为中心，有建筑物百余座，大小院落 20 余处。园中主要景点大致分为 3 个区域：以乐寿堂、玉澜堂、宜芸馆等庭院为代表的生活区；以庄重威严的仁寿殿为代表的政治活动区；以万寿山和昆明湖等组成的风景游览区。

🌿 收获

颐和园代表着中国皇家园林的最高水平，在清咸丰十年（1860 年）的第二次鸦片战争中被英法联军烧毁。后来清政府挪用海军军费等款项对其进行了重建，将其作为慈禧太后晚年的颐养之地。颐和园是中国近代历史的重要见证！圆明园曾以其宏大的地域规模、杰出的营造技艺、精美的建筑景群、丰富的文化收藏和博大精深的民族文化内涵而享誉于世，被誉为"一切造园艺术的典范"和"万园之园"。经过血与火的洗礼，圆明园犹如中国近代史的一部史册，具有撼人心魄的历史价值。

第三天

● 八达岭长城

🏠 北京市延庆区军都山关沟古道北口　🚇 在德胜门乘坐 919 路公交车直达八达岭长城脚下　🕐 旺季 4 月 1 日—10 月 31 日 6:30—19:00（7 月 1 日—8 月 31 日为 6:00—19:30）；淡季 11 月 1 日—次年 3 月 31 日 7:30—18:00　💴 旺季 40 元，淡季 35 元

八达岭属于军都山山峰之一，位于北京市西北部的延庆区南部，是居庸关的重要前哨。八达岭长城的墙体外壁由巨大且整齐的条石筑成，平均高度为 7.8 米，宽 5.8～6.5 米。长城上有砖砌的女墙和垛口，每隔一段距离就设有敌楼、烽火台。对外开放的城墙长度为 3741 米，随着山峰的走势蜿蜒起伏，如巨龙盘绕。

八达岭长城是明长城中保存最好、最具代表性的一段，其最高海拔为 1015 米，地势险要，城关坚固，历来是兵家必争之地。登上八达岭长城，极目远望，山峦起伏，雄沉刚劲的北方山势尽收眼底。北八楼是八达岭长城海拔最高的敌楼，高达 888.9 米，其建筑很有特色。从关城城台到南峰的最高处南四楼，城墙长 685.8 米，高度上升 127 米，特别是南三楼至南四楼之间，山脊狭窄，山势陡峭。城墙顶部最险处的坡度约为 70°，几乎是直上直下。南一楼和南二楼都没有修复二层，从南三楼遗存的柱基看，原来也有铺舍。登上南四楼放眼望去，长城自西南向东北蜿蜒于山脊之上，宛如一条苍龙，宏伟而壮观。

🌱 收获

八达岭长城是明长城的一个隘口，抗倭名将戚继光曾在此指挥防务，站在长城上不仅能感受到古人修筑这一工程的伟大，更能一览我国的山河风貌。

🎓 知名学府游

线路（预计需 1 天）

清华大学—北京大学—中央民族大学民族博物馆

清华大学 ●

北京大学 ●

中央民族大学 ● 民族博物馆

● 清华大学

🏠 北京市海淀区双清路 30 号　🚇 乘坐地铁 4 号线至圆明园站、地铁 15 号线至清华东路西口站下车

　　清华大学地处北京西北郊名胜风景园林区，清康熙年间这里被称为熙春园，为圆明园的一部分，道光年间分为熙春园和近春园，清华园这个名字为咸丰年间所起。2003 年，清华大学第六教学楼、信息技术研究院楼、纳米科技楼、附中学生宿舍楼、紫荆学生公寓等工程项目陆续竣工，竣工总建筑面积达到 21.04 万平方米。2004 年，原信息产业部酒仙桥医院、玉泉医院与清华大学合并。

　　清华大学校园内绿草青青，树木成荫，湖光山色，景色优雅。各个不同时期的建筑形成各具风格的建筑群落，为师生创造了适宜工作、学习、生活的环境。

　　清华大学以南门的学堂路为中轴线，将校园分为东、西两个校区，其中西校区是老校区，还能看到很多西洋风格的历史建筑，如大礼堂、图书馆等，古香古色的水木清华也在这里。东校区以苏式建筑为主题，兴建于 1950 年，有建筑馆、明理楼等。

● 北京大学

🏠 北京市海淀区颐和园路 5 号　🚇 乘坐地铁 4 号线至北京大学东门站下车

　　北京大学创办于清光绪二十四年（1898 年），当时叫京师大学堂，是中国近代第一所国立综合性大学，也是当时国家的最高教育行政机关。辛亥革命爆发之后，于 1912 年改名为北京大学校。1917 年，著名教育家蔡元培出任校长，他"循思想自由原则，取兼容并包之义"，对北京大学进行了卓有成效的改革，促进了思想解放和学术繁荣。陈独秀、李大钊、毛泽东以及鲁迅、胡适等一批杰出人才都曾在北京大学任职。

　　北京大学校园又称燕园，在明、清两代是皇家园林所在，现在其基本格局仍在，淑春园、朗润园、镜春园、鸣鹤园、畅春园、绮春园等的神韵仍能看到。北京大学校园内的美景除了这些古香古色的建筑，还有未名湖、博雅塔，很多人来到北京大学参观，也都要到此拍照留念。

● 中央民族大学民族博物馆

🏠 北京市海淀区中关村南大街 27 号　🚇 乘坐地铁 4 号线至魏公村站下车

该博物馆位于中央民族大学校内，是一座以校内教学为主的综合性民族学博物馆。该馆始建于 1951 年，建筑面积 4800 平方米，展厅面积 1800 平方米。馆内收藏有各少数民族的文献典籍、服装、生产工具等共 14 大类 2 万余件（套）文物。在这里，你可以看到哈尼族缀满珠宝的帽子和美丽的彩裙，蒙古族的蒙古袍、皮靴，藏族精美的银盘、银壶等物品。另外，馆中还有一些宗教器物，如佛像、图腾木雕等，这些都为研究少数民族的历史文化，增进各民族之间的了解、交流起到了积极作用。

🏵 收获

北京是中国的文化中心，也是韵中生韵的文化之都，这里汇集了全中国知名的高等学府，其中最著名的当数清华大学和北京大学。小朋友来到这里，可以在夕阳西下之时绕着未名湖漫步北大燕园，去欣赏那亭台楼阁、湖光塔影；也可以在初夏时节，去清华校园寻觅朱自清笔下的荷塘月色。对文艺演出感兴趣的家长和小朋友，还可以在北京大学百年大讲堂或清华学堂等演出场所观看演出，感受浓浓的文化艺术气息。

博物场馆游

线路（预计需 1 天）

中国国家博物馆—首都博物馆—北京天文馆

● **中国国家博物馆**

⌂ 北京市东城区东长安街 16 号　🕐 9:00—17:00（15:30 停止入馆，16:30 观众退场，17:00 闭馆），周一闭馆　💲 持有效证件免费参观

中国国家博物馆位于天安门广场东侧，是在原中国历史博物馆和原中国革命博物馆的基础上组建而成的国家博物馆。馆内藏品数量为 100 余万件，展厅数量为 48 个，设有"古代中国""复兴之路"2 个展厅，有 10 多个不同艺术门类的专题展览及国际交流展览。在这座规模位居世界前列的博物馆内，有世界一流的硬件设施和功能设置，可以为公众提供高品位的、历史和艺术类的展览以及其他文化休闲服务。这里不仅汇聚了中华民族 5000 年的历史和文化艺术，见证了中华民族百年的复兴之路，而且还全方位地、系列性地展现了世界文明成果。

亲子游

CHINA

● 首都博物馆

🏠 北京市西城区复兴门外大街 16 号　🚇 乘坐地铁 1 号线至木樨地站下车　📞 010-63370491/63370492　🕐 9:00—17:00（16:00 停止领票，周一闭馆）　💰 免费

首都博物馆是北京地区一座大型的综合性博物馆，展览陈列着首都博物馆历年来收藏的、北京地区出土的文物，展现了北京历史、文物、考古及相关学科的最新研究成果，形成了具有北京特色的现代化展览馆。首都博物馆以其宏大的建筑、丰富的展品、先进的技术、完善的功能，成为一座与北京的历史文化名城、文化中心和国际化大都市地位相称的大型现代化博物馆，并跻身于国内一流、国际先进的博物馆行列。

● 北京天文馆

🏠 北京市西城区西直门外大街 138 号　🚇 乘坐地铁 4 号线至动物园站下车　🕐 周一、周二（非节日）闭馆，周三—周五（非节日）9:30—15:30，周六、周日及节日 9:30—16:30　💲 A 馆天象厅 45 元，B 馆宇宙剧场 45 元，B 馆 4D 剧场 30 元，B 馆 3D 剧场 30 元，A、B 展厅 10 元

北京天文馆主要通过安排人造星空模拟表演、举办天文知识展览、编辑出版和发行天文科普书刊、组织大众进行天文观测等形式向公众宣传、普及天文学知识。该馆分 A 馆和 B 馆两部分，A 馆始建于 1955 年，1957 年建成开放，其中天象厅是我国大陆地区最大的地平式天象厅；B 馆即新馆，于 2001 年年底动工兴建，2004 年第四季度建成开放，内有数字化宇宙剧场、3D 动感天文演示剧场、4D 动感影院、天文展厅、太阳观测台、大众天文台、天文教室等。

🌱 收获

参观完中国国家博物馆，小朋友们可以对中国的历史文化有一个系统的理解；在首都博物馆，小朋友们可以参观与北京的历史、人文、民俗有关的专题展览；而在北京天文馆，小朋友们可以探索神秘的宇宙，科学地认知天体。

北京吃住行

吃

● 便宜坊（哈德门店）

🏠 北京市东城区崇文门外大街 16 号便宜坊大厦 4 层

☎ 010-67112244，010-87555085

便宜坊是北京焖炉烤鸭的代表，与作为吊炉烤鸭代表的全聚德齐名。

● 大董烤鸭店（东四十条店）

🏠 北京市东城区东四十条甲 22 号南新仓商务大厦 1~2 层（东四十条桥西南）

☎ 010-51690329

这是一家高端定位的创意烤鸭店。

● 东来顺饭庄（新东安商场总店）

🏠 北京市东城区王府井大街 138 号新东安商场 5 楼

☎ 010-65280932

北京最著名的涮肉店就是始建于1903 年的老字号"东来顺"。

● 聚宝源（牛街西里店）

🏠 北京市西城区牛街西里商业 1 号楼 5-2 号（清真超市旁）

☎ 010-83545602

这是一家北京牛街著名的清真涮锅店，手切的鲜羊肉非常地道。

● 烤肉宛饭庄（南礼士路店）

🏠 北京市西城区南礼士路 58 号

☎ 010-68028180

烤肉宛饭庄主营北京烤牛肉及北京清真风味菜系，是北京建店时间最早、资历最深的老字号。

● 京华九门小吃

🏠 北京市西城区德胜门内大街孝友胡同 1 号（近宋庆龄故居）

九门小吃囊括了京城传统的 12 家老字号小吃：小肠陈、褡裢火烧、爆肚冯、奶酪魏、茶汤李、月盛斋、馅饼周、德顺斋、年糕钱、羊头马、豆腐脑白、恩元居，让你一次吃遍老北京小吃。

● 姚记炒肝店（鼓楼店）

🏠 北京市东城区鼓楼东大街 311 号（鼓楼湾东南角）

☎ 010-84010570

这是一家以经营老北京传统小吃炒肝为主的店，美国副总统拜登曾到这里用餐。

● 护国寺小吃（护国寺总店）

🏠 北京市西城区护国寺大街 93 号（老人民剧场对面）

☎ 010-66181705

在这里能吃到多种老北京小吃，如艾窝窝、驴打滚、豌豆黄、焦圈、豆汁儿、面茶等。

● 北新桥卤煮老店总店景林餐厅

🏠 北京市东城区东四北大街 141 号

☎ 010-84015365

这里主营老北京特色小吃——卤煮火烧，味道香，配料足。

🛏 住

● 北京吉庆堂四合院宾馆

🏠 北京市东城区北锣鼓巷纱络胡同 7 号
☎ 010-64043838

　　这是一家融书法、收藏、太极文化于一体的四合院酒店。

● 北京阅微庄四合院宾馆

🏠 北京市东城区东四四条 37 号
☎ 010-64007762

　　据说这里曾是纪晓岚的宅院,有200 多年的历史。

● 北京春秋园四合院宾馆(春园)

🏠 北京市西城区西四北六条 11 号
☎ 010-66532900

　　这是一家纯中式的豪华四合院宾馆,地理位置好。

● 北京四合院宾馆

🏠 北京市东城区东四南大街灯草胡同 5 号
☎ 010-51693555

　　这里为梅兰芳的故居,始建于清代前期,是一座典型的北京四合院。

🚗 行

　　对于在北京游玩的人而言,乘坐1 号线、2 号线、4 号线、机场线的频率较高,下面对这 4 条地铁线路进行简单介绍。

● 地铁 1 号线

　　途经站:苹果园、古城、八角游乐园、八宝山、玉泉路、五棵松、万寿路、公主坟、军事博物馆、木樨地、南礼士路、复兴门、西单、天安门西、天安门东、王府井、东单、建国门、永安里、国贸、大望路、四惠、四惠东。

● 地铁 2 号线

　　途经站:西直门、积水潭、鼓楼大街、安定门、雍和宫、东直门、东四十条、朝阳门、建国门、北京站、崇文门、前门、和平门、宣武门、长椿街、复兴门、阜成门、车公庄。

● 地铁 4 号线

　　途经站:天宫院、生物医药基地、义和庄、黄村火车站、黄村西大街、清源路、枣园、高米店南、高米店北、西红门、新宫、公益西桥、角门西、马家堡、北京南站、陶然亭、菜市口、宣武门、西单、灵境胡同、西四、平安里、新街口、西直门、动物园、国家图书馆、魏公村、人民大学、海淀黄庄、中关村、北京大学东门、圆明园、西苑、北宫门、安河桥北。

● 地铁机场线

　　途经站:东直门、三元桥、T2航站楼、T3 号航站楼。

2

亲 子 游

上海

🏵 上海概况

　　时尚都市上海是一座富有多面性的城市，走在外滩黄浦江畔，会觉得上海充满了回首与展望：一边是矗立于外滩的颇具沧桑感的万国建筑群，一边是上海的标志性建筑东方明珠、高耸入云的全球金融中心以及金茂大厦等现代感十足的建筑。城隍庙夜市灯火辉煌，街上的人群熙熙攘攘，同样的街道、同样的建筑，不同的只是时间和穿梭于其中的人，让人感觉上海是古典的，更是现代的。

🏵 时尚都市游

线路（预计需2天）

第一天： 南京路步行街—外滩—陆家嘴城市风光带—上海大自然野生昆虫馆—东方明珠广播电视塔

第二天： 上海人民广场—上海新天地—上海城隍庙—豫园

■ 第一天

● 南京路步行街

🏠 上海市黄浦区河南中路　🚇 乘坐地铁1、2、8号线至人民广场站下车

　　南京路步行街是中国著名的商业步行街之一，也是上海市区中颇受游客青睐的地方。南京路和上海外滩一起构成了上海最繁华的城市风景。南京路步行街西起西藏中路，东至河南中路，全长1033米。街道两旁的一些老建筑，如上海市第一百货商店（原大新公司）、华联商厦（原永安公司）等都是拍摄夜景的好地方。

● 外滩

上海市黄浦区中山东一路、福州路、九江路、汉口路　乘坐地铁 2、10 号线至南京东路站下车

在上海外滩的近代建筑群中，最为奢华光鲜的部分自然是临江的一排高大建筑。这些老建筑主要分布在福州路、九江路、汉口路 3 条街道上，道路两旁长着粗壮繁茂的法国梧桐。欧式建筑大多讲究外立面的设计和结构的坚固，内部并不重视采光和通透性，因而大量采用人工光源作为装饰，这从其厚重的视觉感即可看出。

● 陆家嘴城市风光带

乘坐地铁 2 号线至陆家嘴站下车

陆家嘴是中国城市建设的缩影，是中华人民共和国成立后中国经济建设发展的典范之一。浦东新区建立以前，陆家嘴一带非常萧条，属于城市的边缘地带。明永乐年间，黄浦江水系形成，自南向北与吴淞江汇合，在东岸冲击出一块槽状的沙滩，明朝翰林院学士陆深生卒于此，故称此地为陆家嘴。陆家嘴有高巷浜、谢家浜、东洋泾浜、陆家嘴港等多条河流，形成了一些散落的渔村。清朝同治年间，来自日本、美国的商人曾先后在陆家嘴开设码头、仓库、工厂等，一些民族工业也在此落户，初步形成了一条商业街。

如今，陆家嘴是上海的主要金融中心，林立的高楼好似一夜之间拔地而起。从黄浦江对岸的外滩看陆家嘴，这里与世界上的很多大都市并无二致，尤其在夜晚，这里灯火璀璨，非常奢华。

● 上海大自然野生昆虫馆

🏠 上海市浦东新区陆家嘴丰和路 1 号（东方明珠脚下） 🚇 乘坐地铁 2 号线至陆家嘴站下车 ☎ 021-58405921 🕐 周一—周四 9:00—17:00，周五—周日 9:00—17:30，节日 9:00—17:30 💰 60 元

　　这是一个名字上不太吸引人，然而却相当具有科普趣味的展馆，除了少数观赏标本的展示，这里的昆虫动物都是人工饲养的，绝大多数都是活体昆虫，且并不面目狰狞，不会引起感官不适，有一些昆虫还特别适合在家中饲养，有一定的观赏价值。如果有中意的昆虫，你还可以跟工作人员联系购买。这里除了有大量的昆虫，还有许多爬行和两栖类动物，蜥蜴、蛇类、龟鳖的种类非常多，相当于一个小型的动物园。馆内区域分为蝴蝶谷、昆虫长廊、生态触摸区、两栖爬虫溶洞区、水域触摸区、热带雨林区、昆虫沙龙及科普教室，活动场馆相当丰富，平时会有很多小朋友来到这里参观学习，这座昆虫馆同样也适合成年人参观。

● 东方明珠广播电视塔

🏠 上海市浦东区世纪大道 1 号　🚇 乘坐地铁 2 号线至陆家嘴站下车　🎫 太空舱 + 上球体 +
下球体 + 陈列馆 220 元，魔法光影欢乐园 + 上球体 + 下球体 + 陈列馆 180 元，上球体 +
下球体 + 陈列馆 160 元

> 🔥 **美食推荐**
>
> ● 旋转餐厅自助午餐每位 250 元，晚
>   餐每位 280 元
> ☎ 021-60522049
> 🕗 8:00—22:00

　　东方明珠广播电视塔高约 468
米，是世界第五高塔、亚洲第三高塔。
整个塔身完全由 3 根直径为 9 米的巨
大圆柱支撑，观光层在 3 个大球体中，
高度分别为 90 米、263 米、350 米，
均可 360° 欣赏都市风光。著名的旋
转餐厅位于 267 米处。90 米处的下
球体内有太空游乐城，大厅内有上海
城市历史发展陈列馆，设车马春秋、
城厢风貌、开埠掠影、十里洋场、海
上旧踪、建筑博览 6 个展馆。

🌱 收获

　　这条线路上有最能代表上海城市风貌的标志性建筑，小朋友们一圈走
下来，就能对上海的历史变化有一个大概的了解。而上海大自然野生昆虫
馆则是小朋友们认识昆虫和拓展眼界的好地方。

第二天

● 上海人民广场

🏠 上海市黄浦区人民大道 120 号 🚇 乘坐地铁 1、2、8 号线至人民广场站下车

上海人民广场位于上海市区的中心，是许多市政、公共、文化等单位的办公地，汇集了上海市政府、上海城市规划展览馆、人民公园、上海博物馆、上海大剧院、上海音乐厅、上海美术馆等城市地标性建筑。上海人民广场近南京路、豫园、新天地、淮海中路、衡山路等繁华地带，有多条公交线路通往郊区的诸景点，是一处人群密集的交通要地和旅游集散地。

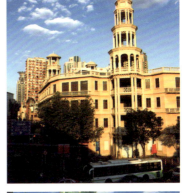

● **上海新天地**

🏠 上海市黄浦区兴业路 123 弄 1~7 号 🚇 乘坐地铁 1 号线至黄陂南路站下车，乘坐地铁 10、13 号线至新天地站下车

上海新天地由大片的石库门建筑群改建而成，显得焕然一新、整洁利落，主色调是青灰色，间有暗红色的砖墙和屋瓦，洋溢着浓烈的怀旧氛围。餐饮业是上海新天地的主流商业项目，大量的中、西餐厅、咖啡馆、酒吧汇集在这里。此外，这里还有大型商场、精品店铺，更有亚洲一流的影院。

● **上海城隍庙**

🏠 上海市黄浦区方浜中路 249 号 🚇 乘坐地铁 8 号线至老西门站下车，乘坐地铁 9 号线至小南门站下车，乘坐地铁 10 号线至豫园站下车

旧时，城隍被尊为城市的守护神，主持一方安宁。最早的城隍指的是城市的护城壕沟，人称水庸神，进而加入道教神仙偶像的色彩，宋朝之后逐渐被人格化，有的是受人敬仰的忠臣良将，有的是具有高义品格的士子。城隍文化代表了中国人希望风调雨顺、安居乐业的美好愿望。上海城隍庙始建于明朝永乐年间，尊元末明初的士大夫秦裕伯为城隍。秦裕伯是元末进士，为宋代婉约派词宗秦少游的七世孙，门庭显赫，在上海地区素有威望。元朝灭亡后，朱元璋请秦裕伯入朝参政，他以一臣不事二主为由拒绝。在秦裕伯去世后，按照朱元璋的旨意，将秦裕伯封为上海城隍，希望以此令其主持城郭，守护疆土。供奉于城隍庙的还有西汉重臣霍光。

上海城隍庙的主要建筑有仪门、大殿、元辰殿、财神殿、慈航殿、城隍殿、娘娘殿、父母殿等。人们在这里不仅能够了解到传统文化，而且还能品尝到美食。

第二章　探名城：一定要去的 6 个地方

🧡 美食推荐

● 上海老城隍庙小吃广场

　　上海老城隍庙小吃广场以品种齐全的上海风味小吃见长，江南一带的小吃也有很多。比较大的店面和代表美食有绿波廊的特色点心、松月楼的素菜包、桂花厅的鸽蛋圆子、松云楼的八宝饭、南翔小笼包、宁波汤团和酒酿圆子等。

🏠 黄浦区城隍庙附近

北京 上海 南京 杭州 广州 西安

● 豫园

🏠 上海市黄浦区安仁街 137 号 🚇 乘坐地铁 10 号线至豫园站下车 ☎ 021-63260830 🕐 3 月 1 日—10 月 31 日 8:30—17:30，11 月 1 日—次年 2 月 28 日 8:30—17:00 💴旺季（4 月 1 日—6 月 30 日、9 月 1 日—11 月 30 日）40 元，淡季（7 月 1 日—8 月 31 日、12 月 1 日—次年 3 月 31 日）30 元

　　江南园林之美，在于体现出中国古典哲学中追求的极致思想——天人合一。江南园林布局精巧，最大限度地利用空间，外观私密，内部最为贴近自然。无论是假山池塘，还是楼阁亭台，均小中见大，玲珑剔透，步移景异，曲径通幽。古建细微处，少不了精美的雕饰，厅堂陈设方面琴棋书画亦不可或缺。

　　豫园属于典型的江南园林，原为明朝的一座私家园林，始建于明嘉靖三十八年（1559 年）。现存园林面积约 2 万平方米，古建筑 40 余处，保存得相当完善。豫园不大，但行走其间也非常容易迷失方向，这是很多江南园林的共通点。园内

的点春堂，为清咸丰三年（1853 年）上海小刀会起义军的城北指挥部，同样的秘密据点在南翔的古猗园也有一处。豫园中最负盛名的建筑是金丝楠木大厅，金丝楠木是古树名木中的上品，成材不易，足见豫园曾经的奢华。

🌱 收获

　　这一天游玩的几个地方具有老建筑的遗迹和新时代的内容，是充满了各种现代艺术理想的文艺地带，非常适合拍照。在上海城隍庙还有很多老上海特色小吃，可以带着小朋友在这里集中品尝一次。

🎓 知名学府游

线路（预计需 1 天）

复旦大学博物馆—同济大学

复旦大学博物馆 ●

● 同济大学

● 复旦大学博物馆

🏠 上海市杨浦区邯郸路 220 号复旦大学（邯郸校区）登辉环路 200 号楼文博系楼 2 楼
🚍 乘坐 59、118、133、139、812、850、854、866、942、960、966 路公交车，
川虹专线，大桥五线至复旦大学站下车 🕐 周二、周四、周五 14:00—16:00 ☎ 021-
65643739 🎫 免费

　　复旦大学博物馆以典藏民俗文物为主要特色，其中高山族文物系列由已故生物系教授、著名人类学家刘咸先生捐赠，为中国大陆地区同类藏品之最。该馆展示内容还包括入藏复旦大学博物馆的其他各类文物以及复旦大学考古队近年的发掘品。该博物馆主要用于复旦大学文博系的教学，因其丰富的馆藏而引起考古学术界的重视。该馆藏品约 2000 件，包括河南省博物馆、洛阳文物工作队、上海博物馆等单位的捐赠品，以及复旦大学校图书馆、文博学院、生物系的旧藏。馆内有陶器、瓷器、青铜器等各类古代艺术珍品，对历代古钱币的收藏较为系统，300 余件殷商甲骨文片也弥足珍贵。此外，馆内还藏有一批当代中国书画名家的作品和美国抽象艺术画作。

● 同济大学

🏠 上海市杨浦区四平路 1239 号 🚌 乘坐 115 路公交车可达 ☎ 同济大学本部电话 021-65982200 🌐 https://www.tongji.edu.cn

同济大学的前身是德文医学堂，该学堂于 1907 年在德中各界的支持下，由德国医生埃里希·宝隆在上海创办，翌年更名为同济德文医学堂。1912 年，同济德文医学堂与同济德文工学堂合并，更名为同济德文医工学堂。1923 年正式定名为同济大学。1927 年成为国立同济大学，是当时首批经国民政府批准成立的 7 所国立大学之一。抗日战争时期，同济大学师生经过 3 年的颠沛流离，6 次搬迁，先后辗转浙、赣、桂、滇等地，教学不辍，坚持文化抗战，在艰苦的年代为国家培养了大批的人才。1946 年回迁至上海，发展成为以理、工、医、文、法 5 大学院著称的海内外著名综合性大学，长期以来都是国内的一流大学。同济大学以"严谨、求实、团结、创新"为校训，许多院校包括中小学，都仿效此校训。

同济大学在上海目前主要有四平路、嘉定、沪西、沪北 4 个校区，其中以四平路校区为本部。同济大学校园内大道森然，林木参天，中西风格的老建筑比较多，自有一种掩饰不住的学府氛围和文化底蕴。

🌱 收获

用一天的时间和孩子一起游览上海的两座著名高校——复旦大学和同济大学。复旦大学作为著名的高校，校园内除了有百年历史的建筑、一排排的法国梧桐，还有著名的博物馆。很多人来到复旦大学都忽略了这里，但是带着孩子来的话一定不要错过此处，这座博物馆内的藏品很有看点。同济大学与复旦大学同在杨浦区，校内建筑很值得看，另外同济大学嘉定校区是新校区，面积很大，空间疏朗如现代城市公园一般，如果时间充裕的话，也可以过去看看。

🏠 博物场馆游

线路（预计需1天）

上海博物馆—上海市历史博物馆—
上海大剧院

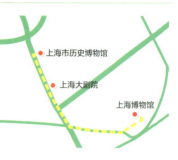

● 上海博物馆

🏠 上海市黄浦区人民大道201号　🚇 乘坐地铁1、2、8号线至人民广场站下车　☎ 021-63723500　🕐 9:00—17:00，16:00后停止入场，周一闭馆（节日除外）　💰 免费，每日限流8000人

　　上海博物馆始建于1952年，馆藏珍贵文物达12万件，乃中华文明之精髓的积淀。博物馆一楼有中国古代青铜馆、中国古代雕塑馆和展览大厅，二楼设有中国古代陶瓷馆、暂得楼陶瓷馆和展览厅，三楼设有中国历代绘画馆、中国历代书法馆、中国历代玺印馆，四楼设有中国古代玉器馆、中国历代钱币馆、中国明清家具馆、中国少数民族工艺馆和展览厅。

● 上海市历史博物馆

🏠 上海市黄浦区南京西路 325 号 🚇 乘坐地铁 1、2、8 号线至人民广场站下车 💲 免费参观，无须预约，参观时带上有效证件即可 🕐 周二—周日 9:00—17:00（16:00 停止入馆）
☎ 021-63232504

上海市历史博物馆是老上海的代表建筑之一，其前身是旧上海十里洋场跑马总会大厦，为一幢英国古典主义风格兼有折中主义倾向的高大楼宇。这座建筑始建于 1932 年，次年落成，由英商马海洋行设计，余洪记营造厂承建。大楼高 3~4 层，局部 5 层，为钢筋混凝土结构，占地面积 8900 平方米。整体造型修长、典雅，灰黄的色块体现着低调的华丽。

上海市历史博物馆的一层是序厅和特展厅，二层介绍的是古代的上海，三层和四层介绍的是近代上海，五层则是餐厅和花园。

博物馆里的展出从史前文明开始，一直到近代史为止，可以帮助参观者系统地了解上海。整座博物馆内还设置了很多多媒体互动内容，非常适合带着孩子来参观。

● 上海大剧院

🏠 上海市黄浦区人民大道 300 号　🚇 乘坐地铁 1、2、8 号线至人民广场站下车　🕐 演出时间多为 19:15，具体场次请即时查阅官方网站　☎ 票务 021-63728702，综合办公室 021-63868686　🌐 http://www.shgtheatre.com

　　如果说上海音乐厅凸显的是精英意识，那么上海大剧院则更亲民一些。剧院的建筑面积达 7 万平方米，总高 40 米，地上 6 层，地下 2 层，最上面的 2 层是户外剧场和空中花园。上海大剧院是新兴的文化交流中心，除了有公共的剧场，还有很多文化休闲设施，有书籍音像店、餐厅、咖啡吧等。站在人民广场上向上海大剧院望去，其建筑外观显得很超前，线条简洁流畅，顶部为弧形拱顶，运用了大量通透的采光设计，内部如水晶宫一般，内外主色调为白色，同时具备艺术殿堂的庄重和现代建筑的简练，给人以高雅、圣洁的印象。

🌿 收获

　　这 3 座场馆都位于人民广场及其周边，游览起来特别方便。上海博物馆是这 3 座场馆中参观时间最长的一座场馆，建议家长带着小朋友准备 3 个小时左右的时间来参观。另外，博物馆内有时会举办一些特展，建议去之前先登录博物馆的官方网站提前了解一下相关信息。上海市历史博物馆本身就是一座非常美的建筑，值得一看。在人民广场璀璨的夜景中，上海大剧院的形象最为突出，因此，建议晚上来参观上海大剧院，而且还可以观看演出。

🐦 上海吃住行

📷 吃

● 王宝和酒家（黄浦店）

🏠 上海市黄浦区福州路 603 号（近浙江中路）

☎ 021-63223673

该店以大闸蟹、蟹粉豆腐为招牌，外观装饰很有老上海的感觉。

● 上海老饭店（豫园路店）

🏠 上海市黄浦区福佑路 242 号（近城隍庙旧校场路）

☎ 021-63111777

饭店创建于清光绪元年（1875年），是上海菜的发源地，同时也是著名的中华老字号。

● 老正兴菜馆（福州路店）

🏠 上海市福州路 556 号（近浙江中路）

☎ 021-63222624

这是一家位于上海市福州路上的老字号本帮餐厅，于 1908 年挂牌营业。

● 上海会馆（香港名都）

🏠 上海市黄浦区河南南路 489 号香港名都 5 楼（近复兴东路）

☎ 021-63357779

一家比较高档的海派餐厅，风情十足，主打地道的海派菜系。

● 梅龙镇酒家（南京西路总店）

🏠 上海市南京西路 1081 弄 22 号（近江宁路）

☎ 021-62535353

一家很有实力的酒家，以货真价实著称。

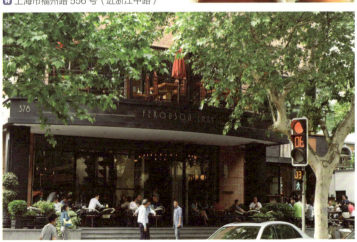

🛏 住

● 上海考拉花园旅舍

🏠 上海市虹口区多伦路 240 号
📞 021-56711038

　　这是一家适合背包客入住的城市客栈，有青年旅舍的风格，设有多人间，环境远强于普通的青旅，价格便宜。

● 布丁酒店（上海淮安店）（原精华客栈）

🏠 上海市静安区淮安路 817 号（近江宁路）
📞 021-62765308

　　酒店出行便利，闹中取静，比较适合不喜欢住青年旅舍的人士居住，私密性好，价格低廉。

● 五重奏旅店

🏠 上海市静安区长乐路 808 号
📞 021-62499088

　　这是一家家庭式旅店，适合多人或者全家入住，为涉外宾馆。装修和服务都比较新颖，价位比较高。

● 老陕客栈（人民广场店）

🏠 上海市黄浦区云南南路 17 号
📞 021-63288680

　　这是一家云南路美食街上的特色客栈，楼下便是西北风味的餐厅。房间有多种类型，有多人间。

🚗 行

　　对于在上海游玩的人而言，乘坐地铁 1 号线、2 号线、4 号线、10 号线的频率较高，下面对这几条地铁线路进行简单介绍。

● 地铁 1 号线

　　途经站：富锦路、友谊西路、宝安公路、共富新村、呼兰路、通河新村、共康路、彭浦新村、汶水路、上海马戏城、延长路、中山北路、上海火车站、汉中路、新闸路、人民广场、黄陂南路、陕西南路、常熟路、衡山路、徐家汇、上海体育馆、漕宝路、上海南站、锦江乐园、莲花路、外环路、莘庄。

● 地铁 2 号线

　　途经站：徐泾东、虹桥火车站、虹桥 2 号航站楼、淞虹路、北新泾、威宁路、娄山关路、中山公园、江苏路、静安寺、南京西路、人民广场、南京东路、陆家嘴、东昌路、世纪大道、上海科技馆、世纪公园、龙阳路、张江高科、金科路、广兰路、唐镇、创新中路、华夏东路、川沙、凌空路、远东大道、海天三路、浦东国际机场。

● 地铁 4 号线

途经站：宜山路、虹桥路、延安西路、中山公园、金沙江路、曹杨路、镇坪路、中潭路、上海火车站、宝山路、海伦路、临平路、大连路、杨树浦路、浦东大道、世纪大道、浦电路、蓝村路、

塘桥、南浦大桥、西藏南路、鲁班路、大木桥路、东安路、上海体育场、上海体育馆。

● 地铁 10 号线主线

途经站：虹桥火车站、虹桥 2 号航站楼、虹桥 1 号航站楼、上海动物园、龙溪路、水城路、伊犁路、宋园路、虹桥路、交通大学、上海图书馆、陕西南路、新天地、老西门、豫园、南京东路、天潼路、四川北路、海伦路、邮电新村、四平路、同济大学、国权路、五角场、江湾体育场、三门路、殷高东路、新江湾城。

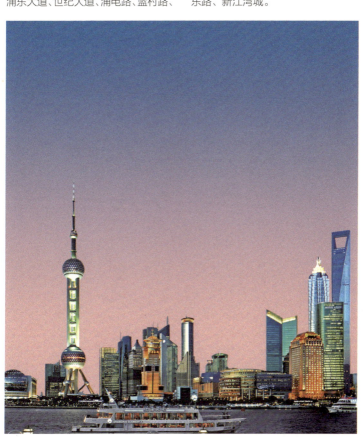

3

亲 子 游

南京

夫子廟秦淮

秦淮人家
QinHuai Family

贵宾楼
Guibin tower

晚晴楼
Wanqing Tower

金陵春
Jinling spring

咸亨
Xianheng Hotel

白鹭宾馆
Bailu Hotel

东部食府
Eastern dining room

豪享来
How Sunny Life

夫子庙美食街

Confucian Temple Gourmet Street

🌿 南京概况

　　六朝古都南京，钟山风雨，虎踞龙盘，多少帝王将相、才子佳人对南京城魂牵梦萦，这其中有人飞黄腾达，有人坎坷一生。六朝古都沧桑阅尽，王朝的相继更迭使得这座古城不断遭受摧残，同时它也在不断地积淀着历史。长江、紫金山和秦淮河护佑着南京，这里是无数历史故事的发生地，直引得后人唏嘘不已。

♿ 名胜古迹游

线路（预计需2天）
第一天： 中山陵—灵谷寺—明孝陵
第二天： 南京夫子庙—江南贡院
（中国科举博物馆）—秦淮河—中华门—南京长江大桥

▌第一天

● 中山陵

🏠 南京市玄武区石象路 7 号 🚇 乘坐地铁 2 号线至下马坊站下车，出站可换乘景区观光车或沿博爱路步行前往中山陵 ☎ 025-84431174/84437786 ⏰ 8:30—17:00（周一关闭祭堂和墓室）

　　南京市东郊钟山东峰小茅山南麓，有一处宏伟的陵园，它西邻明孝陵，东毗灵谷寺，傍山而筑，整组建筑由南往北沿中轴线逐渐升高，气势宏伟，造型独具特色，这便是中国民主革命的先行者孙中山先生的陵墓及附属建筑——中山陵。中山陵坐北朝南，建筑面积约8万平方米。从空中俯瞰，中山陵像一座镶嵌在绿绒毯上的"自由钟"，山下孙中山先生的铜像犹如钟的尖顶，半月形广场好似钟顶的圆弧，而陵墓顶端墓室的半球形穹隆顶，则是钟的摆锤，广场南端的鼎台（现改为孙中山先生的立像）为大钟的钟纽。整组陵园建筑沿南北中轴线一字排开，有博爱坊、墓道、陵门、碑亭、祭堂和墓室等。其中祭堂为仿宫殿式的建筑，建有3座拱门，门楣上刻有"民族""民生""民权"字样的横额，祭堂内矗立着孙中山先生的大理石坐像，壁上刻有孙中山先生手书的《国民政府建国大纲》全文。整组建筑设计巧妙、独特，被记入中国近代建筑史册。

沿山坡而上的 392 级石阶可以说是整组建筑中最意味深长的设计

了。也许只有在登顶回望时，你才能体会到"革命尚未成功，同志仍须努力"的含义。

中华人民共和国成立后，中山陵历经多次整修，陵墓周围郁郁葱葱，景色优美。如今，中山陵已然成为南京旅游的一张名片。

● 灵谷寺

南京市玄武区灵谷寺路 乘坐 202 路公交车至灵谷寺公园站下车 3月1日—11月30日 6:30—18:00，12月1日—次年 2月28日 7:00—17:30 35 元

灵谷寺是"南朝四百八十寺"中的古寺遗存，始建于梁武帝天监十三年（514 年），开山祖师为宝志禅师。灵谷寺原址在明孝陵，原名开善寺，在建明孝陵时移至现址，更名为灵谷寺。灵谷寺颇有名寺风范，整个建筑群依山分布，布局严谨，错落有致，行走其中，有曲径通幽之感。藏经楼下有一座玄奘法师的纪念堂，堂内玄奘法师顶骨纪念塔中有玄奘法师的顶骨舍利，为中国的佛教圣物。灵谷寺中最值得观摩的部分，是在抗日战争中牺牲的国民革命军将士的墓葬和纪念性的建筑。

从红山门进入后，灵谷寺中轴线上的建筑依次是国民革命军阵亡将士公墓牌坊，无梁殿，第五军、第十九路军淞沪抗战阵亡将士纪念碑，第一公墓遗址，松风阁，灵谷塔。阵亡将士公墓牌坊位于 42 层石阶之上，坊阔 5 间，高约 10 米，绿色琉璃覆顶，气象庄严。门额上书"大仁大义""救国救民"，为张静江所书，坊前左右两边各有一对轩昂的石狮，由第十七军陆军赠送。无梁殿是祭祀北伐战争和淞沪抗战中殉国的国民革命军将士的忠烈祠，殿内立有阵亡将士的灵位，墙壁上刻着殉国将士名录，殿内还有辛亥革命时期主要人物的蜡像。

灵谷寺内的阵亡将士公墓建造后，陆续迁入了在抗日战争中牺牲的国民革命军将士遗体，其中包括 1932 年"一·二八"淞沪抗战阵亡将士。松风阁原为明代灵谷寺律堂，1933 年建成后曾为革命纪念馆。灵谷塔建于 20 世纪 30 年代，塔身有许多题刻。灵谷寺内还安葬着谭延闿和左派人士邓演达，与附近的中山陵、廖仲恺夫妇墓一道构成了紫金山上的墓葬景观。

深秋的灵谷寺林道清幽，红叶似火，更有约 2 万株桂树十里飘香，是一处很值得参观的景点。此外，在夏季，这里还是观赏萤火虫的最佳去处。

● 明孝陵

🏠 南京市玄武区紫金山南独龙阜玩珠峰下 🚇 乘坐地铁 2 号线至明孝陵苜蓿园站下车，乘坐 20、203、315 路公交车至明孝陵站下车 🕐 3—10 月 6:30—18:30，11 月一次年 2 月 6:30—18:00 💰 70 元

位于南京市东郊紫金山南麓的明孝陵，是明朝开国皇帝朱元璋和他的皇后马氏的合葬陵墓。整座陵寝由神道和陵冢两大部分组成，规模在明朝历代陵寝中是最大的，并且其建筑格局也深深地影响了其后各朝陵寝的修建。

明洪武元年（1368 年），朱元璋在南京称帝，国号大明。中国的封建帝王们不但拥有生前的荣华富贵，对于死后的归宿也非常重视。明洪武十四年（1381 年），朱元璋的陵寝开始动工，整个孝陵共用了 30 多年的时间才建成。明孝陵陵垣周长达 22.5 千米，神道长约 600 米，以陵寝东南部的四方城为起点，沿途摆放了狮子、獬豸、骆驼、大象、麒麟和马共 6 种动物 12 对石雕，这些象征尊贵地位、无上权力、繁荣强盛、国泰民安的瑞兽，分别按照中国传说中的不同等级被依次排列在神道两边。神道两边还有 1 对石柱、4 对石人。被称为石像生的石人并非装饰，而是按照伴随朱元璋左右的文臣、武将的模样雕刻而成，意在阴间依旧辅佐他。神道的最北端是一座汉白玉石桥，称大石桥，又称升仙桥，意思是过了此桥即为仙界，也就是古人意识中的阴阳交界之处。陵寝的另一部分为主体建筑，是埋葬朱元璋的陵冢。

棂星门为门额上书有"明孝陵"3 个大字的朱红大门，坐北朝南，正对梅花山，门内就是陵寝的主体部分。沿主路北行，就是绿树掩映中的方城。方城以大条石砌成，正中开拱门式斜隧道，有台阶可步入，共计 54 级。出隧道后，东西各有石阶可登城顶。城顶原有宫殿式建筑明楼，明楼顶部及木质结构已毁，现仅存 4 面砖墙，南面有拱门 3 座，另 3 面各有拱门 1 座。在方城顶上极目远眺，东面有中山陵，南面是梅花山，西面有中山植物园，北面是宝顶。宝顶是 1 个直径约 400 米的圆形大土丘，下面就是朱元璋和马皇后合葬的墓室。

明孝陵地面部分的木结构建筑大多毁于清咸丰三年（1853 年）清军与太平军的战火中，现仅存下马坊、禁约碑、内红门、碑亭中壁、石像生、方城明楼下部等砖石建筑。历经 600 多年风雨的明孝陵，以其宏伟的建筑和深厚的历史文化内涵，吸引着无数的游客，如今它已成为南京的一处必游古迹。

🔘 收获

在这一天的路线中，汇集了最具南京特色的代表性景点，如中山陵、明孝陵，这些景点对于南京来说，具有很重要的历史意义，我们参观完这些地方后，会对中国的历史有一个更清晰的认知。

第二天

● 南京夫子庙

🏠 南京市秦淮区贡院西街 53 号 🚇 乘坐地铁 1 号线至三山街站、地铁 3 号线至夫子庙站下车 ☎ 025-52209788 🕐 9:00—22:00 🖥 www.fzm.roboo.com ❗ 每年农历正月初一——正月十八，这里都会举行夫子庙灯会，热闹非凡

南京夫子庙即孔庙，原为供奉和祭祀孔子的地方，始建于宋景祐元年（1034 年），位于南京市秦淮河北岸贡院街。南京夫子庙南岸有石砖墙照壁，堪称夫子庙特色景观，庙前有聚星亭、思乐亭。建筑群由孔庙、学宫、江南贡院组成，是秦淮河风景区的精华所在。南京夫子庙的小吃非常有名，是中国四大小吃地之一。

● 江南贡院（中国科举博物馆）

🏠 南京市秦淮区贡院街 95 号　🚌 乘坐地铁 1 号线至三山街站、地铁 3 号线至夫子庙站下车　☎ 025-52236971　🕐 9:00—22:00　💰 50 元　🌐 www.njiemuseum.com

　　江南贡院是中国现存规模最大的古代科举考场，其鼎盛时期为明、清两朝。江南贡院始建于南宋乾道四年（1168 年），1905 年科举考试被废除后，江南贡院便失去了实用功能，于 1919 年后被拆除，只保留了一小部分主要的建筑和号舍。在江南贡院大门前，有几尊立像，雕刻的都是曾经与这座考场有关联的历史名人，明代解元唐伯虎、《西游记》的作者吴承恩、《儒林外史》的作者吴敬梓、清代官员林则徐、清代最后一位科举状元张謇都在此列。

　　贡院内外存有古碑刻共 22 块，记载了江南贡院的兴衰历史，以及皇帝、大臣、名士对江南贡院的赞誉、评价和题咏。贡院里有一个关于科举制度的图文陈列室，在这里你可以了解到很多相关的知识。最令人感怀不已的，是几十间被复原的考生号舍。号舍是旧时考生日间考试、夜间住宿之所，每人一间，号舍外墙高八尺、号舍内高六尺，宽三尺，深四尺，号舍以《千字文》首字编排，长的有百

余间，短的有五六十间，坐北朝南，形如长巷，巷宽四尺。号舍屋顶盖瓦、砖墙，无门，考生入场后以油布为帘以防风雨。号舍内以砖砌两层承重，铺上木板，日间坐下层之板、伏上层之板写字，夜间除上层之板，安入下层拼合，可屈膝而卧。炊煮茶饭在号舍对面墙下，巷口有栅栏，置号灯、水缸，巷尾有厕所。考试期间，考生们的饮食起居均在这号舍长巷之中。

　　江南贡院极盛时，这样的号舍超过 2 万间。清朝末代探花商衍鎏曾乡试 3 科、会试 2 科，共在号舍中度过 45 日，他为此曾在文章中写道："忆前尘梦影，不觉可怜而大笑矣。"

🔥 **美食推荐**

● 莲湖糕团店

　　南京最著名的苏式甜点店，其中千层糕、玫瑰卷心糕、如意糕、青米糕、马蹄糕、豆沙米糕在南京人心中有着不可动摇的地位。

🏠 南京市秦淮区贡院西街 24 号
☎ 025-52251232

● 秦淮河

🏠 南京市秦淮区贡院西街附近

秦淮河是南京的第一大河，但让其出名的不是其长度，而是它的繁华。这条河流是南京文化的摇篮之一。三国时期，这里便是东吴的商业区，是当时的繁华地带。到了六朝时期，南京发展成为世界上第一个人口超过百万的城市，而当时的达官显贵、名门望族则聚集在秦淮河地区。明朝时期，朱元璋定都南京，十里秦淮发展到鼎盛时期。在漫长的历史中，秦淮河内岸留下了众多名人故居，已是游人来南京凭吊历史的佳处。

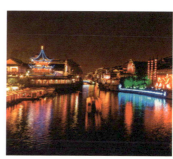

● 中华门

🏠 南京市秦淮区中华路 🚌 乘坐 2、16、26、33、49、88、101、102 路公交车均可到达 ☎ 025-86625435 💴 50 元

中华门是南京古城墙的精华部分，是明城墙风光带的主景区。整个景区风光带长约 3.5 千米，沿线有中华门、伏龟楼、武定门、东水关 4 个出入口。中华门修建于元至正二十六年（1366 年）至明洪武十九年（1386 年），在南唐都城正南门基础上扩建而成。传说，富翁沈万三的聚宝盆就埋在南门下，自此南京城南门便被称为聚宝门。

在冷兵器时代，聚宝门固若金汤，只要坚守不出，便能保其长久。聚宝门由 4 道城门贯通，形成 3 座瓮城，每个城门都有能上下启动的千斤闸和双扇木门，若有敌军攻入城门，千斤闸便会迅速降落，将敌军瞬间分割，断其退路，成瓮中捉鳖之势，城内藏兵洞能伏兵杀出，百战不殆。瓮城原有 3 层，最上层的木构镝楼已不存在，东西两边有马道，直达城头，城门一、二层共有 27 个藏兵洞，聚宝门上面的洞可容纳 3000 军士，藏兵洞在平时可用于储存物资。瓮城南北深约 128 米，东西宽约 118.45 米，城墙最高处约为 21.45 米，整座建筑用石灰、桐油和糯米作为黏合剂，固若金汤。每块城砖上都刻有铭文，砖上的信息显示了其出处，细化到州、府、县，甚至到责任人，质量异常过硬，每块城砖重约 40 斤。这座城楼是我国古代军事设施的重要实物，古老的瓮城已很难找到这么完整、坚固的版本了。1931 年，聚宝门被改名为中华门。

● 南京长江大桥

🚌 乘坐 12、15、38、67、69、117、149、307、809 路公交车可达大桥南堡公园

南京长江大桥位于南京市西北面长江上，连通市区与浦口区，是长江上第一座由中国自行设计建造的双层式铁路、公路两用桥梁。该桥长6772 米，其中江面上的正桥长 1576 米，是我国桥梁长度之最。公路正桥两边的栏杆上嵌有 200 幅铸铁浮雕，人行道旁还有 150 对白玉兰花形的路灯。桥南北两端各有两座高 70 米的桥头堡，堡内有电梯可通铁路桥、公路桥及桥头堡上的望台。在大桥南北两岸的桥下建有大桥公园。在大桥南岸的公园内，还设有介绍长江大桥历史的展览馆。

🌱 收获

今天游览的景点代表着南京这座城市的不同历史时期。对于小朋友来说，第一天游览中山陵、灵谷寺及明孝陵这 3 个面积比较大、相距比较近的景点，会省时省力一些，而第二天则是集中游览城区内的几个景点，所以也不会感到太累。

🎓 知名学府游

线路（预计需1天）

南京大学—南京师范大学—金陵中学

南京大学
南京师范大学
金陵中学

● 南京大学

🏠 南京市鼓楼区汉口路 22 号　🚇 乘坐地铁 1 号线至珠江路站或鼓楼站、地铁 4 号线至鼓楼站或云南路站下车

　　南京大学是中国现代科学的发祥地之一，历史悠久。翻看校史，仔细追寻，会发现其前身可追溯到孙吴永安元年（258 年）的南京太学。而在其后历朝历代的发展中，南京大学的名称、建筑也发生着变化。时至今日，南京大学鼓楼校区内还保留着北大楼、小礼堂、大礼堂等建筑，以及孙中山、何应钦、约翰·拉贝、赛珍珠等名人的故居，是我国大学中不可多得的人文景观荟萃之地。

● 南京师范大学

🏠 南京市鼓楼区宁海路 122 号　🚇 乘坐地铁 4 号线至云南路站下车

　　南京师范大学的历史可追溯到1902 年创办的三江师范学堂，后发展为私立金陵大学，1951 年成立公立金陵大学。校园内现有金陵女子大学华夏图书馆、金陵女子大学宿舍楼、金陵女子大学会议楼、金陵女子大学科学馆、金陵女子大学文学馆等建筑，这些建筑被统称为金陵女子大学建筑群，其设计师为美国建筑师墨菲和中国建筑师吕彦直，后者是中山陵的设计者。

● 金陵中学

🏠 南京市鼓楼区中山路 169 号　🚇 乘坐地铁 1 号线至珠江路站下车

　　金陵中学创建于清光绪十四年（1888 年），其前身是美国基督教美以美会创办的汇文书院。该学校的标志性建筑是建校时期建造的钟楼——汇文书院钟楼，这座 3 层洋楼是南京市的第一幢洋楼，也是当时南京市最高的建筑。

🌱 收获

　　钟灵毓秀、虎踞龙盘的南京是我国科教第三城，拥有众多高校，如南京大学、南京师范大学、东南大学、中国药科大学等，其中前两所大学景色最美。南京很多高校的历史都很悠久，时至今日还保留有当年的建筑结构。带着小朋友游览这些学府，不仅能感受到浓郁的文化氛围，而且还会是一场美的体验。除了高校之外，著名的金陵中学也值得一游。

🏛 博物场馆游

线路（预计需 1 天）

南京博物院—甘熙宅第（南京民俗博物馆）—朝天宫（南京市博物馆）

南京博物院

朝天宫（南京市博物馆）

甘熙宅第（南京民俗博物馆）

● 南京博物院

🏠 南京市玄武区中山东路 321 号 🚇 乘坐地铁 2 号线至明故宫站下车 ☎ 025-84807923 ⏰ 周一 9:00—12:00（11:00 停止入场），周二—周日 9:00—17:00（16:00 停止入场）💰 免费

　　始建于 1933 年的南京博物院是中国最早创建的博物馆之一，位于南京市紫金山南麓、中山门内北侧。南京博物院是由中国近代教育家蔡元培先生倡议并主持修建的，在修建过程中因战争的原因时断时续，直至抗日战争结束，国民政府还都南京后，该馆才得以完工。1950 年，此处更名为国立南京博物院，以此为平台，大量的学者和考古人员开展了艰苦的工作，对散落于四川、云南、贵州、甘肃、新疆等地的民俗、古迹、民间艺术等进行了调查、发掘和研究，搜集了一大批具有相当考古价值的国家级

文物，如被视为稀世国宝的青铜器毛公鼎和后母戊大方鼎等。

　　如今已拥有 40 余万件文物的南京博物院，不但在馆藏文物的年代上跨度较大，而且在各类文物的划分上也极为细致，其中珍宝、玉器、青铜、明清瓷器、书画、陶艺、漆艺、织绣等 11 个专题的陈列馆长年对外开放。

● 甘熙宅第（南京民俗博物馆）

🏠 南京市秦淮区中山南路南捕厅 19 号 🚇 乘坐地铁 1 号线至三山街站下车 ☎ 025-86628704 💰 20 元 🌐 www.gjdy.org.cn

　　这座占地约 2.1 万平方米的宅院是中国城市中保存较为完整、规模最大的一座具有清代建筑风格的古民居，所存建筑均为砖木结构，左右两

组各为五进，俗称九十九间半。现在，甘熙宅第已开辟为南京民俗博物馆。

　　甘熙，清末著名的文人、藏书家，懂天文，识地理，曾为道光皇帝

的嫔妃勘选过墓地。修建于清嘉庆年间的甘熙宅第，与明孝陵、明城墙并称为南京市明清三大景观。宅第在修建上严格按照中国传统的对称布局来修建，在各处院落的划分上遵循主次分明、中高边低、前低后高、循序渐进的修建手法，而正落沿纵深轴线布置的各种用房顺序，则体现出封建大家庭中长幼有序的理念。

● 朝天宫（南京市博物馆）

🏠 南京市王府大街朝天宫 4 号 🚌 乘坐 4、48、80、83、302、306、31/ 路公交车可达
🕐 9:00—18:00（17:00 停止售票） 💰 20 元

朝天宫是江南地区规模最大、保存最为完好的一组古建筑。始建于公元前 5 世纪中叶的朝天宫，最初被称为冶城，因春秋战国时期吴王夫差曾在此开办冶炼作坊，大量制造青铜兵器而得名。此后，历朝历代都在这里大兴土木，修筑一些亭台楼榭，现为南京市博物馆。多达 10 万余件的馆藏文物和朝贺天子的古装礼仪表演，成为博物馆的两大亮点。

🌱 收获

在六朝古都南京旅游，博物馆是最不可错过的一个去处。在这座古老的城市中，有 3 座无论是建筑还是藏品，都值得一看的博物馆，它们就是这条路线上的 3 个地方，其中南京博物院所需的游览时间最长。在这座博物院中，除了能看到很多珍贵的文物，还能看到一种只有在南京才能看到的表演，即云锦提花织机表演。南京云锦是南京最具特色的一种传统提花丝织工艺，在南京博物院内可以看到 100 多件具有代表性的云锦作品，而大厅中的云锦提花织机表演，则绝对是小朋友在南京之旅中最难忘的经历。

🌱 南京吃住行

📷 吃

● 食为先（北京东路店）

🏠 南京市玄武区北京东路 31 号（南京工
艺美术大楼一楼）

☎ 025-57711104

这是一家很有名的南京家常菜菜
馆，有不少经典的老南京菜，可以让
人感受到浓厚的生活气息。

● 同庆楼（珠江路店）

🏠 南京市玄武区珠江路 435 号华海科技
广场 5 楼（太平北路口）

☎ 025-83285779

同庆楼总店创立于 1925 年，曾
接待过许多知名人士，显赫一时。现
被认定为中华老字号。

● 炒螺蛳（太平北路店）

🏠 南京市玄武区太平北路 39-1 号（临近
1912 街区）

☎ 025-58070277

这是一家很有南京特色的餐饮
店，这里的炒螺蛳很好吃，味道好，
价格便宜。

● 刘长兴（中华路店）

🏠 南京市秦淮区中华路许家巷 2 号

☎ 025-52245339

刘长兴是南京老字号小吃，创建于

1901 年，以面点为特色菜，餐点以香
菇蒸饺、螃蟹包和薄皮小笼包最为出名。

● **绿柳居（熙南里店）**

🏠 南京市秦淮区熙南里街区 10 号

☎ 15335189173

　　绿柳居始建于 1912 年，是一家以素食而闻名的餐厅，各色菜品以鲜、嫩、烫、脆、香名冠南京。

● **夫子庙贵宾楼**

🏠 南京市秦淮区钞库街 12 号（临近来燕路）

☎ 025-52263066

　　游客在此可以品尝到秦淮八绝小吃，窗外就是秦淮河的美景，店内还有表演，环境非常好。

● **江苏酒家**

🏠 南京市鼓楼区建宁路 255-1 号（近大桥饭店）

☎ 025-83126626

　　江苏酒家创立于 1946 年，原名义记复兴菜馆，具有明显的地方特色，菜肴以选料严谨、制作精细、清鲜纯正、咸淡适宜为特点。

● **吉庆楼（总店）**

🏠 南京市栖霞区迈皋桥街 22-6 号

☎ 025-85504126

　　这家饭店成立于 1984 年，是当地一家老店，很多南京人都喜欢到这里吃饭。

● **马祥兴回味食坊**

🏠 南京市鼓楼区云南北路 32 号

☎ 025-83286388

　　该食坊是南京市著名的中华老字号之一，也是南京市第一家清真菜馆。

🛏 住

● 南京时光青年旅舍

🏠 南京市玄武区总统府旧址梅园新村雍园
6-5 号

☎ 025-85569053

　　这座由老房子改建而成的旅舍坐落在一片老别墅群中，四周都是青瓦灰墙，梧桐疏影，来到这里犹如回到那个激荡凝重的时代。

● 中山陵国际青年旅馆（第十八家分店）

🏠 南京市玄武区中山陵石象路 7 号

☎ 025-84446688

　　旅馆建在古木参天的中山陵景区内，距离明孝陵、中山陵都非常近，步行即可到达。

● 古南都都市客栈（夫子庙二店）

🏠 南京市秦淮区建康路 68 号（状元楼酒店西面 10 米）

☎ 025-58072555

　　客栈位于夫子庙旅游胜地的核心区，步行即可到达夫子庙和秦淮河。客栈是一处黛瓦青砖式的庭院建筑，厅堂宽敞明亮，颇有韵味。

● 国际青年旅舍（南京瞻园店）

🏠 南京市秦淮区夫子庙大石坝街 142 号

☎ 025-85997720

　　旅舍在乌衣巷对面，每天清晨足不出户，便能听到秦淮河畔的鸟语花香。

🚗 行

对于在南京游玩的人而言，乘坐地铁 1 号线、2 号线、3 号线的频率较高，下面对这几条地铁线路进行简单介绍。

● 地铁 1 号线

途经站：迈皋桥、红山动物园、南京站、新模范马路、玄武门、鼓楼、珠江路、新街口、张府园、三山街、中华门、安德门、天隆寺、软件大道、花神庙、南京南、双龙大道、河定桥、胜太路、百家湖、小龙湾、竹山路、天印大道、龙眠大道、南医大·江苏经贸学院、南京交院、中国药科大学。

● 地铁 2 号线

途经站：油坊桥、雨润大街、元通、奥体东、兴隆大街、集庆门大街、云锦路、莫愁湖、汉中门、上海路、新街口、大行宫、西安门、明故宫、苜蓿园、下马坊、孝陵卫、钟灵街、马群、金马路、仙鹤门、学则路、仙林中心、羊山公园、南大仙林校区、经天路。

● 地铁 3 号线

途经站：林场、星火路、东大成贤学院、泰冯路、天润城、柳洲东路、上元门、五塘广场、小市、南京站、南京林业大学·新庄、鸡鸣寺、浮桥、大行宫、常府街、夫子庙、武定门、雨花门、卡子门、大明路、明发广场、南京南站、宏运大道、胜太西路、天元西路、九龙湖、诚信大道、东大九龙湖校区、秣周东路。

除了地铁以外，南京还开通了几趟旅游巴士，方便游客出行。

● 旅游巴士游 1 线路
路线：迈皋桥—中山陵。

● 旅游巴士游 2 线路
路线：雨花台南大门—灵谷寺公园。

● 旅游巴士游 3 线路
路线：迈皋桥—灵谷寺公园。

● 旅游巴士游 4 线路
路线：南京西站—雨花台南大门。

● 旅游巴士游 5 线路
路线：南京车站（火车站东广场）—明文化村。

4

杭州

🌿 杭州概况

　　西湖是杭州最著名的景观，一年四季怎么看都美。冬日孤山探梅；初春太子湾赏樱、赏郁金香；清明行走于白堤、苏堤，一株桃花一株柳；盛夏曲院风荷袅袅婷婷；秋日满陇桂雨飘香；隆冬时节大雪纷飞，断桥残雪人流如织，雪西湖幽雅脱俗，就如一幅写意画卷，清雅中回味悠远。

🏛 名胜古迹游

线路（预计需 2 天）

第一天：涌金池—钱王祠—柳浪闻莺—长桥—雷峰塔—太子湾公园—苏堤—花港观鱼

第二天：保俶塔—断桥残雪—白堤—孤山—岳庙—曲院风荷

▋ 第一天

● 涌金池

🏠 杭州市上城区南山路 147 号 🚌 乘坐 42、51、102、133 路公交车至涌金门站下车，乘坐地铁 1 号线至定安路站下车

　　涌金池曾是连接西湖与运司河（今劳动路）的小河。当年人们游览西湖的主要交通工具是船只，大多是从清波门与钱塘门中间的涌金门进入西湖游览。《水浒传》第一百一十四回的"涌金门张顺归神"中提及的就是此门。"涌金春色晚，吹落碧桃花"，春天时，桃花、樱花、海棠花的花瓣纷纷飘落池中，随水波起伏，美不可言。

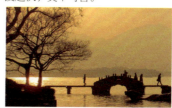

● 钱王祠

🏠 杭州市西湖区钱王祠路 1 号　🚍 乘坐 4、12、25、38、42、102、108、133 路公交车至钱王祠站下车　☎ 0571-87068289　🕐 7:30—17:00　💰 15 元

　　钱王祠始建于北宋，是后人为纪念吴越国钱王的功绩而建，包括吴越国钱氏三世五王塑像、功德崇坊、主要殿堂建筑等景观，古祠内还建造了古戏台，演出《钱镠记》，并以声、光、电的高科技手法再现"钱王修筑海塘"等壮观场景，古色古香的建筑与柳浪闻莺公园完美融合。

● 柳浪闻莺

🏠 杭州市上城区南山路 87 号　🚍 乘坐 4、12、42、102、124、133、287 路公交车至清波门站下车　☎ 0571-87065684　🕐 全天　💰 免费

　　柳浪闻莺公园是西湖十景之一，其前身是南宋皇朝的御花园——聚景园。宋高宗退位后，其子宋孝宗为奉养太上皇而建此园。引西湖水入园，开凿人工河道，上设学士、柳浪二桥，处处柳色青翠，婉转莺鸣，奇花异石目不暇接。如今分为友谊、闻莺、聚景、南园 4 个景区，遍栽柳树，百柳成行，千柳成烟。

● 长桥

🏠 杭州市上城区南山路 35 号西湖长桥公园内　🚍 乘坐 Y2、Y3、Y6、31、51、52、808、K4 路公交车至长桥站下车　💰 免费

　　长桥是西湖三大情人桥之一，是传说中梁山伯与祝英台十八相送的地方。相传宋淳熙年间，钱塘人王宣教与陶师儿月夜双双于长桥投水而死，故又名双投桥。坐夕影亭中，观湖水对面雷峰塔巍然矗立，湖水开阔，心旷神怡。

● 雷峰塔

🏠 杭州市西湖区南山路 15 号 🚌 乘坐 K4、K504、K808、Y1、Y3、Y6、Y7、Y9、J5 路公交车至净寺站下车 ☎ 0571-87982111 🕐 11 月 1 日—次年 3 月 15 日 8:00—17:30（17:00 停止售票，17:30 闭园）；3 月 16 日—4 月 30 日 8:00—19:00（18:30 停止售票，19:00 闭园）；5 月 1 日—10 月 31 日 8:00—20:00（19:30 停止售票，20:00 闭园）💰 40 元

雷峰塔是西湖的标志性景点，旧时因雷峰塔与保俶塔一南一北隔湖相望，故有"雷峰如老衲，保俶如美人"的说法。景区内有雷峰塔、夕照亭、妙音台、汇文轩、放大光明阁（佛舍利馆）、如意苑游客中心、藕香居餐饮点等景观。

● 太子湾公园

🏠 杭州市西湖区南山路 5-1 号 🚌 乘坐 4、31、51、52、315、504、514、808、Y2、Y3、Y6、K822 路公交车至苏堤站下车 ☎ 0571-87963701 🕐 全天 💰 免费

西湖无限春光就在太子湾公园，据载此地曾是南宋庄文、景献两位太子的安葬之地，故因此而得名。公园有明渠引西湖水入内，遍栽樱花，春分时樱花盛开，灿若云霞。更有郁金香、西洋牡丹、虞美人等百花千卉，明艳光亮，春雨淅淅，浅黛笼山处处纱。

● 苏堤

乘坐 4、51、52、315、Y2、Y3、Y6、Y7 路公交车可达

苏堤是一条贯穿西湖南北风景区的林荫大堤，全长 2.8 千米。堤上的 6 座拱桥分别是映波桥、锁澜桥、望山桥、压堤桥、东浦桥、跨虹桥。北宋诗人苏轼任杭州知府时曾疏浚西湖，造福一方。后世为纪念苏轼治理西湖的功绩，将大堤命名为苏堤。苏堤沿堤种满了杨柳、桃树，还有玉兰、樱花、芙蓉、木樨等花木。南宋以来，苏堤春晓一直居西湖十景之首。

● 花港观鱼

位于苏堤南段以西，在西里湖与小南湖之间的一块半岛上。南宋时，这里曾是一处私家花园，蓄养五色鱼以供观赏。如今花港观鱼是一座占地面积 20 多万平方米的大型公园，全园分为红鱼池、牡丹园、花港、人草坪、密林地 5 个景区。

🌰 收获

西湖不光有秀丽的风景，还有丰富的历史人文，这一点小朋友们可千万要记住。隋朝时，杭州成为江南运河的终点，又处于运河与钱塘江的交汇点，为了解决淡水供给及农田灌溉的需求，西湖曾几经疏浚。

第二天

● 保俶塔

🏠 杭州市西湖区北山路宝石前山路宝石山上（近宝石流霞）　🚌 乘坐 7、27、51、118 路公交车至葛岭站下车

　　该塔坐落在葛岭之北的宝石山上，据载始建于五代后周年间，几经毁坏又几经重建，现塔为 6 面 7 级实心砖塔，高 45.3 米，是 1933 年按明末以后的原样式重建的。据说，吴越王钱俶在位时深得民心，百姓为了纪念他，便筑塔于宝石山上，塔因此而得名。

● 断桥残雪

🚌 乘坐 12、51、102、133 路公交车至少年宫站下车

　　该景点位于白堤东端。断桥名气很大，很大程度上得益于白娘子与许仙在此相遇的美丽故事。关于断桥残雪有几种解释，比较普遍的说法是，每当西湖大雪初霁，登宝石山往南俯瞰，白堤皑皑如银练横陈。日出映照，桥向阳的一面积雪融化，露出褐色的桥面，仿佛长长的银练到此中断了，所以被称为断桥残雪。

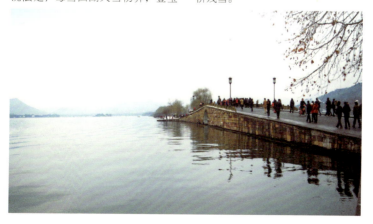

● 白堤

白堤是杭州市区与西湖风景区相连的纽带，全长1千米，东起断桥，经锦带桥而止于平湖秋月。白堤把西湖划分为外湖和里湖，并将孤山和北山连接在一起，沿路一株桃花一株柳，风光旖旎无限。白堤在唐代原名白沙堤，是唐代时为了储存湖水灌溉农田而兴建的，以风光旖旎而著称。后人以为该堤是白居易在这里任刺史时主持修筑的，于是便把白沙堤改称为白堤。但实际上白居易所筑的并非是现在的白堤，而是钱塘门外向东北延伸的一条堤，称为白公堤。

● 孤山

🏠 杭州市西湖区西湖北面（近平湖秋月）

孤山四面环水，与白堤相连处即西湖十景中的平湖秋月。孤山虽不高，却是人文荟萃之地。南麓有浙江博物馆孤山馆区及文澜阁，西麓有秋瑾墓，山脚下的林社是浙江大学的前身，东北坡有放鹤亭等。林逋在此广植梅花，孤山探梅，有名句曰："疏影横斜水清浅，暗香浮动月黄昏。"

● 岳庙

🏠 杭州市西湖区北山路80号 🚌 乘坐7、27、51、52、118路公交车至岳庙站下车 🕙 4月1日—10月31日7:00—18:00，11月1日—次年3月31日7:30—17:30 💰 25元

岳庙位于杭州西湖栖霞岭南麓，主要由墓区和庙区两部分组成，是历代人们凭吊、瞻仰岳飞的纪念场所。岳飞墓坐西朝东，左前侧附岳云墓，墓道两侧列明代遗留下来的石像生。庙是墓的附属建筑，由忠烈祠和启忠祠组成，现存建筑大多为清康熙年间重建的，虽经过几次大修，但仍保留着清朝时期的格局和建筑风格。

● 曲院风荷

🏠 杭州市西湖区北山街 89 号 🚌 乘坐 7、27、51、52、118 路公交车至岳庙站下车，乘坐 15、28、82 路公交车至植物园站下车 💲 免费

南宋时，曲院原是朝廷开设的酿酒作坊，位于当时的西湖湖岸，养殖了大片荷花。现全园分为岳湖、竹素园、风荷、曲院和滨湖密林 5 大景区。园内大小荷花池中栽培了上百个品种的荷花，是夏日观荷的好地方。公园周围还有岳王庙、郭庄、杭州植物园等景点。

🌀 收获

西湖是来杭州必游的景点，甚至可以说来杭州主要就是看西湖。明、清时期，西湖又经历了几次疏浚，挖出的湖泥堆起了湖中的湖心亭、小瀛洲两个岛屿。"欲把西湖比西子，淡妆浓抹总相宜。"西湖之美在于自然与人工的巧妙结合、湖山与人文的相互辉映，这一片湖水，处处沉淀着浓郁的人文情怀。

🚢 大运河夜游

线路（预计需1天）

西湖文化广场—御码头—富义仓—乾隆舫大酒店—小河直街—桥西直街

● **西湖文化广场**

🏠 杭州市下城区环城北路47号武林广场运河北侧 🚇 乘坐地铁1号线至武林广场、西湖文化广场站下车 💲免费

位于大运河转弯处的西湖文化广场，因170米高的浙江环球中心大楼而光彩夺目，这座大楼既有现代的瑰丽风范，又有吴越的传统之美。这里有银泰百货、浙江省自然博物馆、浙江省科技馆、浙江省博物馆（武林馆区）等。

● **御码头**

🏠 杭州市西湖区龙井路1号杭州西湖风景名胜区内 💲免费

历代帝王游览西湖都在此下船，如南宋的高宗、孝宗、理宗等。

● **富义仓**

🏠 杭州市拱墅区霞湾巷8号 🚇 乘坐36、76、151、251、348、516、K155路公交车至仓基新村站下车，乘坐水上巴士1、2号线至信义坊码头

富义仓地处大运河支流胜利河畔，始建于清光绪年间，与北京的南新仓并称为天下粮仓，是杭州现存的唯一一个古粮仓，可容谷四五万石。现建成富义仓遗址公园、富义仓时尚创意空间。沿胜利河一直往东走就是胜利河美食街。

● 乾隆舫大酒店

🏠 杭州市拱墅区湖墅南路 500 号卖鱼桥旁

　　此处原是以乾隆下江南时乘坐的宝莲舫御舟为外形而打造的石舫，现在是古运河杭州段上唯一一家画舫式酒店。

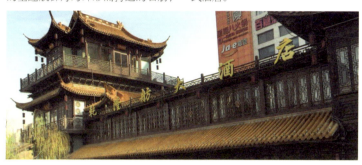

● 小河直街

🚌 乘坐 1、76 路公交车至长征桥站下车

　　地处京杭大运河、小河、余杭塘河 3 河交汇处的小河直街，其历史可以追溯到南宋年间，水乡古韵盎然。街区里的新腾飞蒸菜馆、云水谣主题餐厅、祥禹馆、弄堂里等特色餐饮都非常受欢迎。该街区是杭州传统风貌较为完整的街区之一，保留着一定数量的历史建筑，反映了清末至 20 世纪初期当地人的生活环境。

● 桥西直街

🚌 乘坐 1、79、98、129 路公交车至拱宸桥西站下车

　　桥西直街是拱墅区拱宸桥以西一带的泛称，是一处极具江南特色的明清民居群，这里还有大量的近现代工业遗存。

🌱 收获

　　这里是古代江南赋税通过大运河押往京师的起始之地，通过这一系列的游览，我们可以很直观地了解当时南粮北运或者说是南钱北运的经济状况，也可以了解到大运河对于当时的朝廷而言所具有的重大意义。

🏛 博物场馆游

线路（预计需 1 天）

杭州西湖博物馆—中国丝绸博物馆—南宋官窑博物馆—中国杭帮菜博物馆

● 杭州西湖博物馆

🏠 杭州市南山路 89 号（钱王祠南侧） 🚌 乘坐 4、12、25、38、42、102、108、133 路公交车至钱王祠站下车 ☎ 0571-87882333 🕐 8:00—17:00 🌐 www.westlakemuseum.com

　　杭州西湖博物馆坐落在南山路西侧，位于钱王祠以南的西子湖畔，是国内第一座集陈列展示中心、西湖文献资料中心、西湖学研究中心、游客服务中心于一体的湖泊类专题博物馆。整个展厅由序厅和 5 个主展区组成，分别介绍了西湖的山水、人文、浚治等内容。

● 中国丝绸博物馆

🏠 杭州市西湖区玉皇山路 73-1 号 🚌 乘坐 12、31、42、87、133 路公交车至丝绸博物馆站下车 ☎ 0571-87035223 🕐 9:00—17:00（周一 12:00—17:00） 🌐 www.chinasilkmuseum.com 💲 免费

　　这是第一座全国性的丝绸专业博物馆，也是世界上最大的丝绸博物馆，主要介绍丝绸的发展历史和绚丽多彩的织染绣品，并通过丝绸品种的组织结构放大模型、安置织物观察台等各种辅助手段，生动、直观地向观众介绍丝绸的品种和丝绸在古代社会生活中的地位，弘扬丝绸文化。

● 南宋官窑博物馆

🏠 杭州市上城区南复路 60 号（八卦田东侧） 🚌 乘坐 42、87、133 路公交车至施家山站（八卦田）下车，乘坐 39、308 路公交车至水澄桥站下车，乘坐 20、62 路公交车至陶瓷品市场站下车，乘坐地铁 4 号线至水澄桥站下车 ☎ 0571-86086023 🕐 8:30—16:00，周一闭馆（节日除外）💻 m.ssikiln.cn 💰 免费

这是中国首座以遗址保护为基础的陶瓷专题博物馆，原址为郊坛下南宋官窑，语出南宋叶真《坦斋笔衡》："后郊坛下别立新窑，亦曰官窑。"馆内有中国陶瓷文化陈列厅、陶艺培训中心、临时展厅及仿古瓷工场、名窑传承馆、南宋历史陈列展厅、休闲馆等。

● 中国杭帮菜博物馆

🏠 杭州市上城区虎玉路 9 号江洋畈生态公园内 🚌 乘坐 20、62 路公交车至陶瓷品市场站下车，乘坐 189 路公交车至杭帮菜博物馆站下车 ☎ 0571-87921117

杭帮菜美味精致，要想进一步了解美食文化、鉴赏正宗的杭式菜肴，可到中国杭帮菜博物馆一游。博物馆位于杭州南宋皇城遗址旁的江洋畈生态公园内，南临钱塘江，北傍莲花峰，西连虎跑泉，东靠玉皇山、八卦田。馆内设展馆区、体验区和经营区，既可以学习体验，也可以在博物馆内的钱塘厨房、杭州味道等餐厅好好吃一顿地道的杭州菜。

🌼 收获

杭州的人文历史悠久，在杭州城大大小小的博物馆里，小朋友们可以看到杭州乃至浙江的历史文明是如何传承和发展的，它们历经千年，依然熠熠生辉。杭州西湖博物馆是中国第一座湖泊类专题博物馆，系统地展示了西湖的全貌，尤其是在游览过西湖之后，再来博物馆看看，会对西湖有进一步的了解。小朋友在游览中国丝绸博物馆时，不能错过纺织品修复展示馆，家长们进馆之前要注意这里的开放时间。

杭州吃住行

吃

● 外婆家（西湖天地店）

🏠 杭州市上城区南山路 147 号西湖天地 11 号楼

☎ 0571-85028700

这家店在湖滨一公园处，是杭州非常火爆的一家店。

● 金橘餐厅（杭大店）

🏠 杭州市西湖区杭大路 48 号

☎ 0571-87961919

这家店环境很好，有木栈道、落地窗、屏风，装修得很有格调。

● 喜德山房

🏠 杭州市西湖区玉皇山路 1 号玉皇山紫来洞景区内

☎ 18258232360

饭店位于玉皇山半山腰紫来洞门口的大平台上。这里可露天就餐，除了点菜吃饭，这里还可以品茶。

● 解香楼

🏠 杭州市西湖区八盘岭路 1 号紫萱度假村内

☎ 0571-87975858

这里曾一度被誉为杭州最佳餐馆。

● 新开元大酒店（杭州西湖店）

🏠 杭州市上城区解放路 142 号

☎ 0571-82155323

这是一家中规中矩、菜量很足的杭帮菜馆。

● 楼外楼（孤山路店）

🏠 杭州市西湖区孤山路 30 号

☎ 0571-87969023

老牌杭帮菜馆，始创于清道光二十八年（1848 年），至今有 170 年的历史。

● 知味观·味庄（杨公堤店）

🏠 杭州市西湖区杨公堤 10 号

☎ 0571-87970568

知味观，由孙翼斋先生于 1913 年创建，是著名的中华老字号之一，素有"知味停车，闻香下马"的雅称。

● 西湖国宾馆紫薇厅

🏠 杭州市西湖区杨公堤 18 号西湖国宾馆 8 号楼嘉乐苑

☎ 0571-87979889

西湖国宾馆又名刘庄，建于 19 世纪末，号称西湖第一名园。

🛏 住

● 杭州香格里拉饭店

🏠 杭州市西湖区北山路 78 号
☎ 0571-87977951

　　翡翠般的自然风光总是让人着迷。杭州西湖之美，超越所有期待。

● 西子湖四季酒店

🏠 杭州市西湖区灵隐路 5 号
☎ 0571-88298888

　　这是一家位于西湖边上的著名五星级酒店，在曲院风荷对面。

● 荷方国际青年旅舍

🏠 杭州市上城区河坊街大井巷 67 号
☎ 0571-87079290

　　从旅舍步行至西湖仅需 15 分钟，旅舍由传统江南风格的四合院民居改建而成，傍山而居，白墙黛瓦，花格窗棂，清爽舒适。

● 杭州季忆蝉舍

🏠 杭州市西湖风景名胜区三台山路 94 号
☎ 0571-88022136

　　这是一家田园式的居家客栈，三面环山，一面临湖，湖光山色中隐映着 3 栋白墙黑瓦的特色民居房。

● 桔子水晶酒店（杭州西湖店）

🏠 杭州市上城区南山路清波街 122 号（近柳浪闻莺）
☎ 0571-28878988

　　桔子水晶酒店连续 3 届获得"中国最佳设计师酒店"称号。入住酒店后，在房间里就可以直接欣赏西湖边的柳浪闻莺。

● 杭州青稞花园客栈

🏠 杭州市西湖区九溪九龙苑 27 号
☎ 0571-88262687

　　客栈位于静谧的九溪景区内，四周茶田环绕，溪水潺潺，古树参天。

● 法云安缦

🏠 杭州市西湖区法云弄 22 号
☎ 0571-87329999

　　该酒店内尽量保持了杭州原始村落的木头及砖瓦结构，房间以不同形式遍布于整个小村庄中。

🚗 行

在杭州游玩，乘坐地铁1号线的概率比较大，该线路沿途经过西湖风景区、武林广场、西湖文化广场和其他旅游商业文化服务中心，非常实用。

● 地铁1号线

途经站：湘湖、滨康路、西兴、滨和路、江陵路、近江、婺江路、城站、定安路、龙翔桥、凤起路、武林广场、西湖文化广场、打铁关、闸弄口、火车东站、彭埠、七堡、九和路、九堡、客运中心、乔司南、乔司、翁梅、余杭高铁站、南苑、临平。

杭州京杭运河杭州段水上巴士目前共开通8条路线，既方便了当地人出行，也能让游人更好地感受杭州的水城生活。

● 水上巴士1号线

路线：濮家站—拱宸桥。

途经站：濮家站、艮山门、武林门、信义坊、拱宸桥。

● 水上巴士2号线

路线：武林门—紫荆花路。

途经站：武林门、信义坊、北新关、和睦、古翠站、古墩路、紫荆花路、浙大站、杨家桥、蒋村站、西溪五常港站。

● 水上巴士3号线

路线：打铁关—欢喜永宁桥。

途经站：打铁关、朝晖站、工大站、杨家里、大关站、上塘站、城北体育公园、西文站、皋亭坝、欢喜永宁桥。

● 水上巴士4号线

路线：武林门—打铁关。

途经站：武林门、胜利河、工大、朝晖、打铁关。

● **水上巴士5号线（假日）**

　　路线：武林门—汽车西站。

　　途经站：武林门、信义坊、北新关、和睦、古翠、古墩路、紫荆花路、十五中、紫金港桥、汽车西站。

● **水上巴士6号线**

　　路线：汽车西站—丰潭路文二西站。

　　途经站：汽车西站、天目山医院站、丰潭路文三西站、丰潭路文二西站。

● **水上巴士7号线**

　　路线：梅花碑—坝子桥。

　　途经站：梅花碑、火车站、浙二医院、葵阳、菜市桥、潮鸣寺巷、广安新桥、宝善桥、坝子桥。

● **水上巴士8号线**

　　路线：河坊街吉祥巷站—长运路田家桥站。

　　途经站：河坊街吉祥巷站、惠民路口站、解放路丰乐桥南站、庆春路联桥站、体育场路梅登高桥站、长运路田家桥站。

5 亲 子 游
广州

🌸 广州概况

很难用一个词说得清广州这座城市，它没有大上海的金堆玉砌，没有老成都的悠闲从容，没有昆明的花团锦簇，它有的只是那么一点儿实在、一点儿安稳、一点儿通透，还有那么一点儿张扬、一点儿浮躁、一点儿暧昧。一切看起来似乎都是那么矛盾，却都能包容其间，这就是广州。

广州近年来发生了很大的变化，广州火车站有了很大的改观；站在珠江边，可以尽情地呼吸新鲜的空气。"一年一小变，三年一中变，五年一大变"的成效有目共睹。

🏛 名胜古迹游

线路（预计需1天）

沙面—中山纪念堂—广州塔

● 沙面

🏠 广州市荔湾区沙面北街53~54号　🚇 乘坐地铁1号线至黄沙站下车，乘坐地铁6号线至黄沙站或文化公园站下车　☎ 020-81217557　🕐 全天　💰 免费

这个仅有0.3平方千米的地方何以如此令人难以忘怀？是宽敞的西洋大街、西式木椅，还是欧洲味道的路灯、形形色色的游人、茂盛的植被，抑或是那一幢幢充满异国情调的建筑？都是，但又不全是。沙面地处白鹅潭畔，在沿江长堤的最西端，地理位置优越。清咸丰十一年（1861年）后曾沦为英、法租界，有10多个国家在这块弹丸之地设立了100多家领事馆、银行、洋行，还建了许多富有欧洲风情的建筑物及休憩公园，至今这些建筑依然存在。

1条贯通东西的沙面大街，配以5条南北向的小街，将小岛分成风格统一的12个区域，使沙面显得井井有条。沙面的绿化装点也很有情调。白鹅潭畔的情怀、往返的夜游船都吸引了众多游人的目光。沙面本身是白鹅潭畔一片流沙，经珠江冲击而成为沙洲，因此四面临水。由于珠江治理得力，环境舒适，使得在沙面闲逛成为了人们的一种休闲方式。早上，老人们打太极拳、跳交谊舞、下棋、讲古（讲故事）、遛鸟、看报，一派悠闲惬意的图景。

● 中山纪念堂

🏠 广州市越秀区东风中路259号 🚇 乘坐地铁2号线至纪念堂站下车，乘坐2、27、42、56、62、74、80、83、85、133、185、204、209、224、224A、229、261、276、283、284、289、293、297、305、518、543路公交车也可到达 🕐 8:00—18:00 ☎ 020-83567966 💴 外部免费，纪念堂10元 🌐 www.zs-hall.cn

中山纪念堂是为了纪念伟大的民主革命先行者孙中山先生而筹资兴建的纪念性建筑物，始建于1929年，建成于1931年，由我国著名建筑师吕彦直先生设计，值得一提的是，南京中山陵也是出自这位建筑师之手。

纪念堂坐北朝南，总体布局呈方形，占地面积6万平方米，建筑面积约4000平方米。走进中山纪念堂，迎面是一片开阔的草坪，在中轴线的位置有孙中山先生的雕像，雕像后面就是纪念堂的主体建筑——大礼堂。

大礼堂庄严宏伟，上部是八角攒尖重檐歇山顶，具有浓郁的民族特色。大礼堂正门上挂有"天下为公"4字匾额，为孙中山先生所书。走进大礼堂内部，看不到一根柱子，支撑大屋顶的8根柱子都隐藏在壁内，显示出高超的建筑艺术水平。

● 广州塔

🏠 广州市海珠区阅江西路 222 号 🚇 乘坐地铁 3 号线、APM 线至广州塔站下车 ☎ 020-89338222 💰 白云星空观光票 150 元，塔顶游乐套票 228 元，摩天轮游乐套票 298 元，一塔倾城游乐套票 398 元，单购极速云霄 180 元，单购摩天轮 180 元 🌐 www.cantontower.com

广州塔位于广州城市新中轴线与珠江景观轴交会处，整体高 600 米（包括发射天线），是中国第一高电视塔、世界第二高电视塔。广州塔有个极其亲民的名字，就是"小蛮腰"，听到这个名字便可想象出这座塔婀娜的形态。该塔共 112 层，而"小蛮腰"的最细处在 66 层。如今，广州塔为羊城新八景之首，塔耀新城，成为必游的广州景点之一。

这座塔现在已成为广州的地标性建筑之一，登塔可俯瞰整个羊城，其位于 488 米的摄影观景平台在 2013 年吉尼斯世界纪录中获得"世界最高户外观景平台"的荣誉。此外，在 160 多米高处设有最长的空中云梯，在 420 多米高处设有最高的旋转餐厅，在 450 米高处设有最高的横向摩天轮，以及世界最高惊险之旅、最高的 4D 影院、最高的空中邮局等，令人震撼。

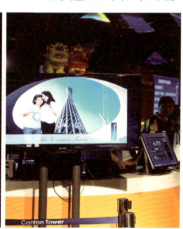

🌱 收获

沙面、中山纪念堂、广州塔可以说是可以代表广州不同历史时期的 3 个景点，清咸丰十一年（1861 年）沙面曾沦为英、法租界，建了很多欧式建筑，小朋友们在这里犹如来到一座活着的博物馆中。建于 1929 年的中山纪念堂是一座中西风格兼而有之的建筑，小朋友来到这里除了了解孙中山先生的一生，别忘了欣赏广州最老的、距今已有 300 多年历史的木棉树。有"小蛮腰"之称的广州塔是赏夜景的好地方，此处安排在晚上观赏比较合适。

🎓 知名学府游

线路（预计需1天）

中山大学—黄埔军校旧址

中山大学

黄埔军校旧址

● **中山大学**

🏠 广州市海珠区新港西路135号 🚇 乘坐地铁8号线至中大站下车，乘坐14、69、93、184、190、206、226、250、270路公交车至中山大学站下车 ☎ 020-84036491

中山大学是中国著名的高等学府，由孙中山先生于1924年创办，这所学校的前身是国立广东大学，后更名为国立中山大学、国立第一中山大学，之后又改回原名。走在这所大学的校园中，能看到很多老建筑，从而感受到浓郁的文化气息。

中山大学的校园建筑其整体风格可概括为8个字，就是"红砖绿瓦，中西合璧"。这里的老建筑大致可分为两个时期：折中主义时期（1904—1928年）和古典复兴主义时期（1928—1936年），折中主义时期的代表建筑有马丁堂、怀士堂、格兰堂、黑石屋；古典复兴主义时期的代表建筑有惺亭、陆祐堂、哲生堂和广寒宫。

● 黄埔军校旧址

🏠 广州市黄埔区长洲岛军校路 170 号 🚌 乘船过去比较方便，乘坐 383、430 路公交车也可以到达 ☎ 020-82202278 🕐 9:00—17:00，周一闭馆 🎫 凭有效证件参观

黄埔军校旧址原为清朝陆军小学和海军学校校舍，1924 年，孙中山在此创办了培养军事干部的学校，初名中国国民党陆军军官学校，后更名为中华民国陆军军官学校。这所军事院校在中国近代史和军事史上具有重要意义，从这所学校走出了众多优秀人才，如邓演达、左权、陈赓、徐向前、赵一曼等。

黄埔军校大部分建筑物都在 1938 年被日军飞机炸毁了，在 1965 年又按原貌对其进行了一次大规模的修缮，其中校门由中国人民解放军南海舰队重新修建，在中央上方横匾上写着"陆军军官学校"，为谭延闿所书。

🌱 收获

中山大学是中国著名的高校，来到广州旅行一定不能错过这里。而在历史上，广州还有一所牵动着中国历史的高校，那就是黄埔军校。时至今日，来到黄埔军校旧址，依然能感受到当年的气息。黄埔军校旧址校内的对联很有特色，如"杀尽敌人方罢手，完成革命始回头""升官发财，请往他处；贪生怕死，勿入斯门""革命尚未成功，同志仍须努力"等，在游览的时候要注意到这些细节。

🏛 博物场馆游

线路（预计需1天）

西汉南越王博物馆—陈家祠（广东民间工艺博物馆）

西汉南越王博物馆 ●

● 陈家祠（广东民间工艺博物馆）

● 西汉南越王博物馆

🏠 广州市越秀区解放北路 867 号 🚇 乘坐地铁并换乘至越秀公园站下车，乘坐 5、7、180、广 42 路公交车也可以到达 ☎ 020-36182920 🕐 9:00—17:30（全年开放，2 月 28 日、8 月 31 日闭馆检修）💰 12 元 🌐 www.gznywmuseum.org

西汉南越王博物馆以古墓为中心，依山而建。这座古墓为南越国国王赵眜之墓，是迄今岭南地区发现的年代最早、规模最大、随葬物最丰富、唯一饰有彩绘的石室墓，该墓发现于 1983 年，为中国 20 世纪 80 年代的重大考古发现之一。

该墓出土了众多珍贵文物，如"文帝行玺"金印、七星纹银带钩、杏形金叶、银盒、金花泡、角形玉杯、玉舞人、丝缕玉衣、珍珠枕头、墓主组玉佩、船纹铜提筒、错金铭文铜虎节等，其中丝缕玉衣是至今为止发现的、完整的西汉玉衣中年代最早，同时也是唯一的丝缕玉衣，因此，这座博物馆被世人誉为"岭南文化之光"。

除此之外，西汉南越王博物馆的建筑也很有特色，是岭南现代建筑的辉煌代表。博物馆的外形、装饰都很讲究。其整体布局以古墓为中心，上盖覆斗形钢架玻璃防护棚。陵墓石室选用的石材主要是红色砂岩，所以展馆的外墙也选用红砂岩作衬面，来到博物馆后的第一印象就是"红"。

● 陈家祠（广东民间工艺博物馆）

🏠 广州市中山七路恩龙里 34 号 🚍 乘坐 85、88、104、107、109、114、128、193、204、233、250、260、268、286 路公交车至陈家祠站下车，乘坐地铁 1 号线至陈家祠站下车 ☎ 020-81814371 ⏰ 8:30—17:30 💰 10 元

　　陈家祠又名陈氏书院，现在是广东民间工艺博物馆，也是广东省著名的宗祠建筑之一。陈家祠以布局严谨、气势雄伟、装饰精巧、富丽堂皇著称，华丽是它给人的整体印象。单看陈家祠的格局已是气势十足，三进的大殿，中间和左右两侧贯以 4 条长廊，组成 6 个大院，对称均衡，连成一体。而最受人瞩目的当数充分展现岭南装饰风格的三雕三塑和铁铸。

　　木雕、砖雕、石雕、灰塑、铁铸和绘画等装饰艺术，被巧妙地运用到所有构件上，各式雕塑造型生动，形神俱备，仅是前庭内那 4 扇高五六米的巨大屏风木雕就足以让人瞠目。砖雕、石雕主要应用在外墙和门前，而屋顶的陶塑花脊则是陈家祠最引人注目的部分。3 排大殿上共有 15 条陶塑花脊，虽历经风吹雨打，但色彩依旧鲜艳如新，造型惟妙惟肖。嵌在聚贤堂前台阶栏杆上的铁铸线条流畅，显示出高超的铸造工艺，难怪郭沫若来此参观后题词"天工人可代，人工天不如，果然造世界，胜读十年书"。

🌱 收获

　　西汉南越王博物馆是广东省著名的博物馆，是了解广州地区的历史和南越国社会形态的必去之地。这座墓的主人是赵眜，他是南越国第一代国王赵佗的孙子，号称"南越文帝"。小朋友们来之前，最好先了解一下相关历史。在陈家祠的众多收藏品中，最有意思的是一条用大橄榄核雕的小船，橄榄核只有一寸长，却雕刻数人于其上，人物神态各异。最妙的是小船的窗户也能开关自如，真是巧夺天工。小朋友们别忘了找找这件宝贝。

广州吃住行

🍴 吃

● 陶陶居饼家（第十甫店）

🏠 广州市荔湾区第十甫路 22 号

☎ 020-81389632 / 81396111

　　陶陶居是广州饮食业中的老字号之一，主营茶点、月饼、菜肴。

● 炳胜品味（海印总店）

🏠 广州市海珠区东晓路 33 号（近海印桥）

☎ 020-34286910 / 34286911

　　在广州仍流传着"吃鱼生，到炳胜"的说法。

● 稻香酒家（天河店）

🏠 广州市天河区天河路 208 号天河城 7 层

☎ 020-85590808

　　这是一家深受当地人喜爱的粤菜馆。

● 侨美兰桂坊（沙面翠洲园店）

🏠 广州市荔湾区沙面南街 7 号

☎ 020-81217012 / 81217063

　　这是一家很好吃的粤菜馆，乳鸽很有名，是必点菜。

● 吴系茶餐厅（天河东路）

🏠 广州市天河区天河东路 75 号

☎ 020-87570062

　　这是一家非常地道的港式茶餐厅，走进店内就能感受到浓浓的港式风情。

● 表哥香港茶餐厅（中三店）

🏠 广州市越秀区中山三路 111 号（地铁 1 号线烈士陵园站 A 出口）

☎ 020-83858360

　　这是一家著名的粥面茶餐厅，珍珠奶茶、混酱表哥招牌多士是其招牌菜。

● 南信牛奶甜品专家

🏠 广州市荔湾区第十甫路 47 号（近宝华路）

☎ 020-81389904

　　这是一家近百年的老字号甜品店，双皮奶、姜撞奶是其招牌甜品，人气爆满，经常需要等座位。

● 陈添记（十五甫三巷店）

🏠 广州市荔湾区宝华路 59 号十五甫三巷内进第二档

☎ 020-81828774

　　这是一家当地有些年头的苍蝇馆，这里的鱼皮很有特色。

🛏 住

● 白天鹅宾馆

🏠 广州市荔湾区沙面南街 1 号
☎ 020-81886968
　　宾馆坐落于广州市沙面白鹅潭，于 1983 年开业，是中国第一家中外合作的五星级宾馆。

● 江畔国际青年旅舍

🏠 广州市荔湾区长堤街 15 号（近陆居路）
☎ 020-22392500
　　旅舍位于白鹅潭畔，景色很好，与沙面岛隔水相望。

● 春田家家青年旅舍

🏠 广州市越秀区海珠中路 215 号（近中山六路）
☎ 020-81923232
　　这是一家占地面积很大的青年旅舍，床很大，很舒服。

● 广州征途青年旅舍

🏠 广州市天河区天河北路 445 号嘉怡苑 1 栋 27 楼 F 房
☎ 020-38804573
　　旅舍位于繁华的天河北路上，距离天河城、体育中心都非常近，交通便利。

● 汉庭酒店（广州天河店）

🏠 广州市天河区天河路 97~99 号（近广州购书中心）
☎ 020-22132600
　　一家交通便利的快捷连锁酒店。

● 锦江之星（广州海珠江泰路地铁站店）

🏠 广州市海珠区江燕路 245 号（近江泰路地铁站）
☎ 020-34369088
　　酒店环境很好，干净、卫生，前台服务热心周到。

🚗 行

　　对于在广州游玩的人而言，乘坐地铁 1 号线、2 号线、APM 线的频率较高，下面对这 3 条线路进行简单介绍。

● 地铁 1 号线

　　途经站：西朗、坑口、花地湾、芳村、黄沙、长寿路、陈家祠、西门口、公园前、农讲所、烈士陵园、东山口、杨箕、体育西路、体育中心、广州东站。

● 地铁 2 号线

　　途经站：嘉禾望岗、黄边、江夏、萧岗、白云文化广场、白云公园、飞翔公园、三元里、广州火车站、越秀公园、纪念堂、公园前、海珠广场、市二宫、江南西、昌岗、江泰路、东晓南、南洲、洛溪、南浦、会江、石壁、广州南站。

● 地铁 APM 线

　　途经站：林和西站、体育中心南站、天河南站、黄埔大道站、妇儿中心站、花城大道站、大剧院站、海心沙站、广州塔站。

6

亲 子 游

西安

🌸 西安概况

　　十三朝的古都西安，见证了多少帝王将相的兴衰成败，经历了多少金戈铁马的洗礼。这里的地下，埋藏了多少春秋往事，收藏了多少过往的记忆！临潼

的兵马俑、西安的历史博物馆和碑林、咸阳的帝王陵墓、法门寺的地宫、宝鸡的青铜器，都见证了历史的变迁！骊山下的华清池、西安的城墙，又记录了多少过往云烟！关中的每一寸土地都富有神奇的魅力，仿佛沉淀着深邃的历史，在这里你会恍惚游历在那久已逝去的秦皇汉武时代。

🏛 名胜古迹游

线路（预计需2天）

第一天： 西安钟鼓楼—高岳崧故居（高家大院）—西安清真寺—广仁寺

第二天： 西安城墙—小雁塔—大雁塔、大慈恩寺

■ 第一天

● 西安钟鼓楼

🏠 西安市莲湖区东、西、南、北4条街的交会处　🚇 乘坐地铁2号线至鼓楼站下车，乘坐3、6、8、18、43、45、601、611、618路公交车至钟楼或鼓楼站下车　☎ 029-87214665　💰 钟鼓楼联合票价50元，单一票价每张35元　❗ 西安钟鼓楼上每日都有"晨钟暮鼓"表演活动，值得带孩子一看

　　西安钟鼓楼是西安钟楼和西安鼓楼的合称，位于西安市中心，是西安的标志性建筑。钟楼与鼓楼遥相呼应，登楼远望，西安的繁华之景尽收眼底。

● 高岳崧故居（高家大院）

🏠 西安市北院门 144 号　🚇 乘坐地铁 2 号线至鼓楼站下车　💲 15 元

　　高岳崧故居（高家大院）是从明崇祯年间到清同治年间世代为官的官宦人家高家的祖宅，位于西安市繁华的商业街——北院门清真小吃街上。高家大院历经沧桑，是西安现存的最完整的民居之一。走进高家大院，犹如经历了 400 年的时空倒流。

● 西安清真寺

🏠 西安市莲湖区化觉巷 30 号　🚌 乘坐 6、18、29、43、45、203、221、603、604、605、606、618 路公交车至钟楼站下车　🕐 开放时间为 8:00—19:00

　　西安清真寺位于鼓楼西北隅的化觉巷中，故又称化觉巷清真寺。它与西安大学习巷清真寺都是西安古老的清真寺。西安清真寺始建于唐天宝元年（742 年），历经宋、元、明、清各代维修保护，现存的是明、清时期的建筑。

● 广仁寺

🏠 西安市莲湖区西北一路 152 号　🚌 乘坐 10、102、103、301、303 路公交车至玉祥门站下车　💲 20 元（农历初一、十五免票）

　　广仁寺坐落在西安城内西北角，是西北和康藏一带大喇嘛进京路过陕西时的行宫。广仁寺是陕西省唯一一座藏传佛教寺院，清康熙四十四年（1705 年）由清圣祖康熙帝敕建，在历史上起着凝聚、促进西北边陲多民族团结的作用。广仁寺是藏汉文化交流的见证。寺内殿宇庄严，花木茂盛，虽居闹市之中，却十分幽静、整洁。

🌀 收获

　　第一天的行程先到达了西安的市中心，观看了中国现存形制最大、保存最完整的钟楼。西安这座历史古城有着名扬天下的三秦美食，首屈一指的是具有西安地方特色的著名小吃羊肉泡馍。除此之外，品尝独具西北风情的陕西风味小吃，也是游陕西的一大乐事，如荞面饸饹、灌汤包、陕西凉皮、岐山臊子面、肉夹馍等。在市中心的大街上大饱口福后，可以到广仁寺看看，这可是一座见证了藏汉文化交流的寺院。

🟩 第二天

● 西安城墙

🏠 西安市碑林区南大街　🚌 乘坐 6、26、29、31、40、46、216、222、229、302、402、502 路公交车至南门站下车　💲 54 元

　　西安的明城墙是中国现存最大、最完整的古代城垣建筑，它周长近 14 千米，高约 12 米，宽约 15 米，气势恢宏。明城墙已成为西安的一道风景，它象征着西安的悠久历史，是古城西安的地标性建筑。城墙共有 4 座城门：东长乐门、西安定门、南永宁门、北安远门，每座城门都由箭楼和城楼组成。虽然现存城墙始建于 600 多年前的明代，但要说起它的渊源，却要追溯到 1400 年前的隋朝了。

● 小雁塔

🏠 西安市碑林区友谊西路 72 号 🚌 乘坐 21、29、402、508、610、707 路公交车至小雁塔站下车 ☎ 029-87811081 🎫 园区免费，登塔 30 元

　　小雁塔位于西安市南门外的荐福寺内，属于保护得比较好的著名唐代佛塔，是唐朝都城长安保留至今的两处重要建筑之一。小雁塔的塔形秀丽，被认为是唐代精美的佛教建筑艺术遗产。小雁塔始建于唐景龙元年（707 年），是一座典型的密檐式砖塔。

● 大雁塔、大慈恩寺

西安市雁塔区大雁塔街道广场东路 3 号　乘坐 5、30、41、500、游 6、游 8 路公交车均可到达　50 元，登塔另外收费 30 元

大雁塔是西安的象征，位于大慈恩寺内，乃取经归来的玄奘法师为珍藏经书典籍，于唐永徽三年（652 年）奏请唐高宗修建的。塔高 64.5 米，共 7 层，可以登顶。事实上，大雁塔只是大慈恩寺的一个景点而已，整个寺院让人惊叹流连之处远不止于此。寺前的广场上有玄奘的塑像，他手持法杖，面南而立，似在默诵经文，那份超凡的气质，让人心生敬重。大雁塔的后面是玄奘三藏院，其中大遍觉堂的众佛浮雕，光明堂和般若堂的紫铜板雕刻、柚木雕刻，用精细、华丽的手法描绘了玄奘取经路上的种种艰辛，有着强烈的艺术感染力。大雁塔北广场上有全亚洲数一数二的音乐喷泉，建议在晚上去看，华灯绽放下的音乐喷泉显得更加绚丽。光怪陆离的水柱以古老的大雁塔为背景，伴随着音响里传出的音乐，大唐雄风尽显无遗。

收获

第二天的行程从游古都西安不可错过的城墙开始，也可以选择在傍晚前来，白天、晚上的古城墙所呈现的可是完全不同的风貌，晚上的城楼和城墙垛口都装饰有彩灯和灯笼，夜幕下大红灯笼高高挂，灯火辉煌，古朴神秘。此时进出城门、上下城墙，已不知是身处千年前的古长安，还是现代的西安，恍如时空交错。

接着去参观小雁塔，这是迄今为止保存得最为完整的唐代古塔，其"雁塔晨钟"更是关中八景之一。大雁塔和其所在的大慈恩寺是唐代著名高僧玄奘译经和藏经之处，一直保留至今。在大慈恩寺观大雁塔，恍如看到当年那梵音袅袅、佛香纱纱的场景。来到西安城，每座历史建筑都让人感觉仿佛穿越时空，大人、小孩都应该来一次西安，感受历史的辉煌。

🏛 古都怀古游

线路（预计需1天）

秦始皇兵马俑博物馆及秦始皇陵—
骊山—唐华清宫—曲江池遗址公
园—大唐芙蓉园

● 秦始皇兵马俑博物馆及秦始皇陵

🏠 西安市临潼区秦始皇陵以东 1.5 千米处 🚌 在西安火车站东广场乘坐 306（也叫游 5 路）、914、915 路公交车均可直达秦始皇兵马俑博物馆 🎫 旺季（3 月 1 日—11 月 30 日）150 元，淡季（12 月 1 日—次年 2 月 28 日）120 元 ☎ 029-81399127 💻 www.bmy. com.cn/2015new/index.htm

　　这处被誉为"世界第八大奇迹"
的景观，是西安乃至整个陕西最有名
的地方。展厅主要由1~3号坑组成，
其中1号坑的面积最大，发掘、陈列
的秦俑最多，车兵、步兵、骑兵都登
场了，呈现于你眼前的是一支整齐威
严、浩浩荡荡的秦朝军队，而那些坑
道就同战壕一样。观赏秦俑，整体
看大气磅礴，从细节看，每具秦俑的
雕塑都极为精细，比例、尺寸都是按
真人标准制作的，且千人千面，栩栩
如生。

● 骊山

🏠 西安市临潼区华清路 38 号 🚌 乘坐 306（游 5 路）、914、915 路公交车至华清池站下车 🎫 旺季（3 月 1 日—11 月 30 日）150 元，淡季（12 月 1 日—次年 2 月 28 日）120 元

　　在周、秦、汉、唐时期，这里
属于皇家禁地，建有离宫别墅，现
在这里是森林公园，全国以及海外
的游客纷至沓来，看看风景，听听
故事。

● 唐华清宫

🏠 西安市临潼区华清路 38 号 🚍 在西安火车站东广场乘坐 306、914、915 路公交车可直达 ☎ 029-83818888 💰 3 月 1 日—11 月 30 日 110 元，12 月 1 日一次年 2 月 28 日 80 元

　　唐华清宫又名华清池，因杨贵妃曾在此沐浴而闻名遐迩。现存建筑是在清朝重建的基础上翻修扩建的，规模盛大。另外发掘出的几个汤池遗址，盛唐遗风尚存。

● 曲江池遗址公园

🏠 西安市雁塔区曲江池西路 🚍 乘坐 22、212、224、504 路公交车至曲江池调度站（终点站）下车，步行 2 分钟即到 ☎ 029-85562540 💰 免费

　　曲江池遗址公园，北接大唐芙蓉园，南至秦二世陵遗址，占地面积约 1 平方千米。这里有很多表现唐代社会生活的雕塑，布置在全园各处，或草坪，或广场，或山坡，或水滨，甚至布置在水中，使曲江池遗址公园笼罩在一片浓郁的大唐文化氛围中。

● 大唐芙蓉园

🏠 西安市曲江新区芙蓉西路 99 号大唐芙蓉园南门 🚌 乘坐 21、22、23、24、44、212、224、237、526、609 路公交车均可到达 💰 120 元，《梦回大唐》演出门票 198 元 🌐 www.tangparadise.cn/index.php

2005 年落成的大唐芙蓉园位于西安大雁塔的东南侧，是中国第一个全方位展示盛唐风貌的大型皇家园林式主题文化公园。今天的大唐芙蓉园就建在唐代芙蓉园遗址上，以"走进历史、感受人文、体验生活"为主题。每当夜幕降临时分，伴随着园内富丽堂皇的夜景，公园的上空会燃放起绚烂的烟花。

🌱 收获

"秦中自古帝王州"，西安就像其他每一座帝都一样，是帝王们生前执政的舞台，也是他们身后安息之地，留下的一座座陵寝，历经风吹雨打和朝代更替，留给后人无限遐想。在西安所有的帝陵中，秦始皇陵是最为著名和神秘的，在这里可以参观到著名的陪葬坑秦始皇兵马俑，同时这里也是一窥秦朝历史最直接的途径。游览完秦始皇陵后，可以去骊山国家森林公园参观，这里有烽火台、老母殿、老君殿等著名景点。

西安在唐朝被称为长安，直到今日仍保留了不少历史痕迹，徜徉在这些古迹中，似乎能隐隐遥望那盛唐荣光。骊山森林公园脚下是著名的唐华清宫，可以想象一下杨贵妃当年"温泉水滑洗凝脂"的情景。最后来到大唐芙蓉园，灯火阑珊中的大唐芙蓉园，琼楼玉宇，廊桥水榭，浮光掠影，再配上古典音乐，犹如身处于九天仙宫，又如身处那千年前莺歌燕舞、仙乐飘飘的大唐宫殿。从大唐芙蓉园出来步行 500 米就是大唐不夜城，走在灯火通明的仿唐步行街，犹如走入那大唐盛世。

博物场馆游

线路（预计需1天）

西安事变纪念馆（张学良将军公馆）—西安碑林博物馆—陕西历史博物馆

西安事变纪念馆（张学良将军公馆）

西安碑林博物馆 ●

● 陕西历史博物馆

● 西安事变纪念馆（张学良将军公馆）

🏠 西安市碑林区建国路 69 号　🚍 乘坐 7、8、29、37、43、45、47、203、218、235、252、300、604、612、622 路公交车至大差市站下车　🎟 免费

　　张学良将军公馆是张学良将军在西安时的住所，西安事变的酝酿、发生与和平解决都发生在这里。公馆以 3 幢西式小楼为主体，现内设张学良将军的生平介绍和西安事变的图文展览。

● 西安碑林博物馆

🏠 西安市三学街 15 号　🚍 乘坐 14、23、40、118、208、214、221、223、232、258、402、512、619、704、706、800、游 6 路公交车均可到达　☎ 029-86222800
🎟 旺季 75 元，淡季 50 元　🌐 www.beilin-museum.com

　　西安碑林博物馆创建于 1944 年，是在具有 900 多年历史的"西安碑林"的基础上扩建而成的。1961 年，该博物馆被列为全国第一批重点文物保护单位，现为国家 AAAA 级旅游景点。

中国亲子游

CHINA

● 陕西历史博物馆

西安市雁塔区小寨东路 91 号　乘坐 5、19、24、26、27、30、34、401、521、527、610、701、710 路公交车均可到达　029-85254727　免费　www.sxhm.com

陕西历史博物馆以它丰富的馆藏文物、典雅的建筑造型，将整个陕西的历史浓缩于此，有"古都明珠，华夏宝库"之称。该馆的建筑是典型的唐代宫殿造型，占地约 7 万平方米，建筑面积 5 万多平方米，展室总面积达 1.1 万平方米。馆内布局"轴线对称，主从有序，中央殿堂，四隅崇楼"，风格上既有博大雄浑、典雅凝重的唐风，又有现代美学的凝练，为现代建筑中的杰作。精选的 2000 余件文物中，以青铜器、历代陶俑、唐代金银器和唐墓壁画最具特色，许多都是国宝级文物。

收获

西安老城并不大，步行就可至城墙和碑林等景点游玩。早餐可以到回民街品尝西安特色小吃，然后至西安事变纪念馆参观，接着前往闻名遐迩的西安碑林博物馆，欣赏中国的古代书法艺术。午餐后参观陕西历史博物馆，感受浓浓的历史氛围。

🅾 西安吃住行

📷 吃

● 陈三娃泡姜鸡（水司店）

🏠 西安市碑林区太白北路 279 号西北大学综合服务楼 1 号楼

☎ 029-88304058

　　这里是西安著名的吃泡姜鸡的地方，这里的鸡肉辣中带酸，很开胃，配上飞饼口感非常好。推荐菜品有泡姜鸡、飞饼、鸡胗、鸡爪。

● 子午路张记肉夹馍（永松路店）

🏠 西安市雁塔区朱雀大街子午路十字东南角

☎ 029-85391737

　　该店主营肉夹馍，其口感香脆酥软，是当地知名连锁店。除了肉夹馍，该店还有岐山臊子面、凉皮等西安小吃。

● 美华食府（未央店）

🏠 西安市未央区未央路 199 号（近城市运动公园）

☎ 029-88351111

　　主打陕南菜，凉皮、紫阳锅也值得推荐。该店服务好，价格合理。

● 大千骨头王火锅店

🏠 西安市碑林区雁塔路 69 号华润万家广场南座 2 楼

☎ 029-63331966

　　这里的火锅锅底相当鲜，骨汤又浓又入味，值得推荐。

● 云老四凉皮（金康路店）

🏠 西安市新城区金康路红花巷 16 号（轻工业品批发市场对面）

☎ 029-85056813

　　这里经常大排长龙，足见其受欢迎的程度。凉皮口感筋道，入口随即传来一阵清凉，随之而来的浓烈的辣子香，让人吃了非常过瘾。

● 马虎面馆（西七路店）

🏠 西安市新城区西七路 20 号（近解放路）

☎ 029-87418676

　　这是一家靠近火车站的人气老店，推荐菜有小马虎面、马虎牛肉面等。

● 郭老大大盘鸡（大雁塔北广场店）

🏠 西安市雁塔区小寨东路 1 号阅唐阁 4 楼（近大雁塔北广场）

☎ 029-85583130

　　该店的鸡肉非常入味，肉质香而不柴，分量多。

● 魏家凉皮（南大街店）

🏠 西安市碑林区南大街 3 号（中大国际对面）

☎ 029-87239211

　　这里有实至名归的正宗凉皮，口感偏辣，价格也很实惠。

● 老孙家饭庄（端履门店）

🏠 西安市新城区东大街端履门十字西北角咿呀 BOX 时尚购物中心 5 楼

☎ 029-87433131

这是一家西安老字号，推荐菜品为红烧牛尾，该店的服务也很好。

● **樊记腊汁肉（竹笆市店）**

🏠 西安市碑林区竹笆市街 53 号（近阿房宫电影院）

☎ 029-87273917

　　樊记腊汁肉是创立于 1925 年的西安老字号，招牌菜为肉夹馍，这里的黄桂稠酒也值得品尝。

● **贾三灌汤包子馆（回民街店）**

🏠 西安市莲湖区回民街北院门 93 号（近鼓楼）

☎ 029-87257507

　　这里的灌汤包皮薄、馅料多，人气相当旺。

● **真爱中国餐馆（兴庆路店）**

🏠 西安市兴庆南路 159 号

☎ 029-88131234

　　推荐品尝一下三杯鸡，其鸡肉表皮酥脆，整体口感、味道都非常好。

🛏 住

● **西安书院青年旅舍（钟楼南门古城墙店）**

🏠 西安市碑林区南门里顺城南路西段 2 号

☎ 029-87280092

　　西安书院青年旅舍是西北地区第一家得到国际青年旅舍联盟（IYHF）正式授权的、西安本地的青年旅舍。

● **西安朵拉玛尔画廊青年旅舍**

🏠 西安市碑林区小南门里顺城巷东侧

☎ 15129032007

　　这是一家以油画为主题的旅舍，这里的天台常常会举办一些与艺术相关的活动。

● **西安馨乐庭城中服务公寓**

🏠 西安市碑林区竹笆市街 36 号

☎ 029-85761188

　　该公寓就在西安钟楼附近，交通非常便利。

● **西安中晶城市酒店（凤城四路店）**

🏠 西安市未央区未央路西 200 米国际企业中心 B 座

☎ 18049554909

　　这家酒店离各景点都不远，是绝佳选择。

🚗 行

西安作为一个热门的旅游古都，拥有多达 10 条的公交旅游专线，这些线路几乎覆盖了西安的所有景点。而地铁方面目前也已运营了 3 条线路，并开通了一条观光轻轨。

● 地铁 1 号线

途经站：后卫寨、三桥、皂河、枣园、汉城路、开远门、劳动路、玉祥门、洒金桥、北大街、五路口、朝阳门、康复路、通化门、万寿路、长乐坡、浐河、半坡、纺织城。

● 地铁 2 号线

途经站：北客站、北苑、运动公园、行政中心、凤城五路、市图书馆、大明宫西、龙首原、安远门、北大街、钟楼、永宁门、南稍门、体育场、小寨、纬一街、会展中心、三爻、凤栖原、航天城、韦曲南。

● 地铁 3 号线

途经站：鱼化寨、丈八北路、延平门、科技路、太白南路、吉祥村、小寨、大雁塔、北池头、青龙寺、延兴门、咸宁路、长乐公园、通化门、胡家庙、石家街、辛家庙、广泰门、桃花潭、浐灞中心、香湖湾、务庄、国际港务区、双寨、新筑、保税区。

● 曲江旅游观光轻轨

途经站：大雁塔北广场、慈恩寺、大雁塔不夜城、唐城墙遗址公园西、曲江池、阅江楼、寒窑、畅观楼、唐城墙遗址公园东、大唐芙蓉园东、亮宝楼。

● 游 1 路

路线：西安火车站（东广场）—西岳庙—华山。

● 游 4 路

路线：市图书馆—张家堡—城市运动公园—汉阳陵博物馆。

● 游 5 路

路线：西安火车站（东广场）—十里铺—西安工程大学临潼校区—西安科技大学临潼校区—新疆军区疗养院—陆军疗养院—华清池—临潼东关—东三岔—兵马俑。

● 游 6 路

路线：唐苑—林带路采摘园—曲江生态花园—黄渠头村—石羊农庄—孟村—理工大曲江校区—青龙寺—铁炉庙—新疆三所—观音庙—北池头—西影路—市委党校—大雁塔—翠华路—小寨—长安立交—省体育场—草场坡—南稍门—南门—文昌门—华夏银行—大差市—民乐园—五路口—火车站。

● 游 7 路

路线：西安职业技术学院—东晁村东—鱼化桥—北石桥—外事学院北校区—科技路西口—高新六路北口—枫叶新都市—沣惠南路—玫瑰大楼—西大新区—桃园路—高新二路—劳动南路—白庙村—电子科技大学—人才市场—含光路—省政务大厅—省体育场西门—夏家庄—小雁塔—南稍门—南门—钟楼—西华门—新城广场—民乐园—五路口—火车站。

● 游 8 路

路线：大唐芙蓉园南门—中海熙岸社区—曲江海洋世界—大唐芙蓉园北门—雁引路—大雁塔—翠华路—小寨—长安立交—省体育场—草场坡—南稍门—小雁塔—西后地—朱雀门—五味什字—广济街（市信访接待中心）—钟楼北—北大街—北新街—革命公园—五路口—火车站—火车站东—多彩商城—三府湾西口—华清村—华清立交西—石家街—中铁现代物流—矿山路口—辛家庙—辛家庙公交枢纽站—浐灞大道西口—祥和居小

区—浮沱村—大明汽车配件城—赵村西—赵村—赵村东。

● 游 9 路

路线：金花北路—互助路立交—长兴路—金花南路—信号厂—新安医院—沙坡—武警医院—西部家具城—铁一局医院—赛格电脑城—大雁塔—雁引路—大唐芙蓉园西门—雁南路—庙坡头村—省射击场—瓦胡同村—国展中心—电视塔—三森国际家居—金昆家具—航天大道西口—凤栖路口—韦曲北站—东长安街西口—西北饭店—绿园度假村—长安广场—金堆城小区—政法学院南区—航天 504 所—长安区政府—邮电学院南校区—茅坡村—温国堡—任家寨—杜咏村—香积寺中学—香积寺村—下北良村—上北良村—黄良村—长安十中—黄良镇—西安联合学院—葛村—理工技校—张村—子午大道南口—北斗角村—乔良寨村—205所—鸭池口村—花园村—内苑村—西安秦岭野生动物园。

● 游 10 路

路线：渭河电厂—正阳电管站—渭河灰厂十字—同仁村—张旗寨—张家湾—梁村—渭河桥头—城市运动公园—张家堡—凤城五路—尤家庄—市图书馆—雅荷花园—公交六公司—方新村北—方新村—龙首村—北稍门—北关—北门—西闸口南口—火车站东—多彩商城—三府湾西口—华清村—华清立交西—华清立交东—火车站。

第三章
看大海一定要去的
2个地方

✿ 三亚概况

大自然把宜人的气候、清新的空气、和煦的阳光、湛蓝的海水、柔和的沙滩、风情万种的少数民族、美味的海鲜都赐给了这个地方。"三亚归来不看海，除却亚龙不是湾。"这句话便足以证明这里是一个度假的天堂。

海南最适合开车兜风或者骑车游览的地方当数椰梦长廊，椰梦长廊是环三

亚湾修建的一条著名的海滨风景大道，素有亚洲第一大道之称。椰梦长廊与三亚市区连接，道路两边的沙滩坡度平缓，海水清澈见底，是一流的旅游胜地。在三亚市的榆林港和鹿回头之间，有一个月牙形的海湾，辽阔的海面晶莹如镜，白色的沙滩、热烈的阳光、碧蓝的海水在这里共同组成了一幅美丽的热带风光画。

🌊 看海

线路（预计需 3 天）
第一天： 蜈支洲岛—亚龙湾
第二天： 天涯海角—鹿回头
第三天： 大小洞天—南山文化旅游区

■ 第一天

● 蜈支洲岛

🏠 三亚市海棠湾镇蜈支洲岛 🚌 搭乘出租车至蜈支洲码头，往返蜈支洲码头和蜈支洲岛的海上交通 8:00 开船，16:00（视当天的天气而定）发最后一班船。当日最后一班离岛的轮渡为 17:30 开船 💰 150 元（包括船票）

"中国有个海南岛，海南有个蜈支洲"，还没到达蜈支洲岛前，道路两旁醒目的广告牌就跃入眼帘。无数到海南岛旅游的人在来之前，都对蜈支洲岛有着美好的期待，游览过后，则会时时回忆起它的神秘。蜈支洲岛悄悄隐藏在一个海湾里，如果不翻过山梁，根本看不到它的真面目。走过崎岖的小路，到达游艇码头，等待上船的游人队伍很长，还没有上岛，就

让人感受到这个小岛的热度。

蜈支洲岛古称古崎洲岛、牛奇洲岛，这座形似蝴蝶的小岛面积约 1.48 平方千米，东西长 1400 多米，南北宽 1100 多米，海岸线全长 2.7 千米，南部最高峰海拔约 79 米。岛的东、南、西三面漫山叠翠，2000 多种植物郁郁葱葱，各种热带植物随处可见，不但有高大挺拔的乔木，也有繁茂葳蕤的灌木，其中不乏恐龙时代就有的桫

椤这样的奇异花木，还有迄今为止地球上留存下来的最古老植物——号称地球植物老寿星的龙血树。

蜈支洲岛是海南最早开展潜水活动的海域之一，环岛海域，尤其是南部水底有保护完好的珊瑚礁，各种热带鱼围绕其间。蜈支洲岛各项海上休闲运动十分丰富，设有潜水、摩托艇、香蕉船、独木舟、划水、沙滩排球等项目。

● 亚龙湾

🏠 三亚市亚龙湾国家旅游度假区　🚌 乘坐 14、24、25、27、29 路公交车均可到达

中国最美丽的海湾、天下第一湾、东方夏威夷……各种赞誉之词都被赋予了这个小小的海湾。这个海湾享有其名当之无愧，它背靠青山，面朝大海，舒展着银白色的柔软沙滩。站在这里，谁都会情不自禁地赞叹它的美丽。

细腻的白沙滩是珊瑚虫的骨骼和贝壳风化后形成的，一脚踩下去吱吱作响。这里海底资源丰富，有珊瑚礁、各种鱼类和名贵的贝类。海水澄清晶莹，能见度7～9米。亚龙湾国家旅游度假区是中国唯一一处具有热带风情的国家级旅游度假区，是一个拥有滨海公园、豪华别墅、会议中心、高级宾馆、海底世界、玫瑰谷、蝴蝶谷、贝壳馆、潜水俱乐部等国际一流水准设施的旅游度假区。亚龙湾气候宜人，冬暖夏寒，自然景观优美。

🌀 收获

蜈支洲岛坐落在三亚市北部的海棠湾内，南邻美誉天下第一湾的亚龙湾。蜈支洲岛是海南岛周围为数不多的有淡水资源和丰富植被的小岛，有2000多种植物，种类繁多。而亚龙湾海水洁净透明，水面下珊瑚种类繁多，可以清楚地观赏珊瑚，适合多种水面下的活动，包括潜水等。在这一天，孩子们可以学到很多自然植物知识。

第二天

● 天涯海角

🏠 三亚市天涯区天涯镇 G225 🚌 乘坐 6、16、24、25、26、29 路公交车均可到达 🕐 7:00—18:30 💰 旺季 95 元，淡季 80 元

古时人们认为天圆地方，走到这里，便以为到了世界的尽头。每一个到三亚旅游的人，都不会错过来天涯海角的机会。这个遥远的地方，这个自古"飞鸟尚需半年程"的地方，令每一个来此的人，都把这块遥远的土地看作美丽、浪漫的代名词。

2001 年，天涯海角景区被国家旅游局评定为 AAAA 级景区，景区包括天涯购物寨、民族风情园、历史名人雕塑园 3 处景点。一进门往前走，先是爱情广场，中间有个浑天仪，不少情侣在这里合影留念，身后正是象征坚贞爱情的日月石。沿着海边沙滩一路走去，不远处是著名的南天一柱，"南天一柱"题字为清宣统年间崖州知州范云梯所书。

南天一柱旁边是海判南天石。清康熙年间曾进行了一次全国性版图《皇舆全览图》的测绘活动，位于海南岛南端的天涯海角景区所在地，成为这次测绘中国陆地版图最南端的标志。负责主持测绘的钦差大臣苗曹汤在此处剖石刻碑镌书"海判南天"4 个大字，"以为标志，并须永久保存"，

因此海判南天石便成为天涯海角景区中最早的摩崖石刻。继续向前走，一块被游人簇拥着、争相合影的石头就是著名的天涯石。据说清雍正年间崖州知州程哲造访此地，面对大海，唏嘘前途渺茫，有一种走到海天尽头的感觉，便挥毫留下"天涯"2 个字。谁想民国时期又有官员在"天涯"2 个字的下面题写了"海阔天空"4 个大字与之对应，也许是想告诉人们，面对大海的胸怀，我们要海阔天空，而不要望断天涯路，应以积极的姿态面对人生。

天涯海角现在是三亚乃至海南省的旅游形象标杆，三亚的城市名片就是"美丽三亚、浪漫天涯"。每年天涯海角都要举行天涯海角国际婚庆节，数百对新人的集体婚礼在这里举行，场面甚为壮观。

● 鹿回头

三亚市鹿岭路鹿回头海景大道　乘坐 2、3、4、22、26、54、55 路公交车均可到达
7:30—22:00　45 元

鹿回头位于三亚市南 3 千米处，是海南岛最南端的山头，这座山三面临海，高 275 米，形状犹如一头鹿。登上鹿回头山顶，三亚市全景尽收眼底。鹿回头还有一段美丽的爱情传说，相传古时有一位英俊的黎族青年猎手，头束红巾，手持弓箭，从五指山翻越 99 座山，涉过 99 条河，紧紧追赶着一头鹿来到南海之滨。前面山崖之下便是无路可走的茫茫大海，那头鹿突然停步，站在山崖处回过头来，鹿的目光清澈而美丽，凄艳而动情，青年猎手正准备张弓搭箭的手木然放下。忽见火光一闪，烟雾腾空，鹿回头变成一位美丽的黎族少女，两人遂相爱并结为夫妻，在这里定居下来，此山因而被称为鹿回头。根据这个美丽爱情传说而建造的海南全岛最高雕塑——鹿回头，已成为三亚的城雕，三亚市也因此得名鹿城。鹿回头公园的主要景点包括顺风台、鹿苑、滑道、紫气东来、黎族歌舞表演、鹿回头雕塑、山顶花园、北亭观景台等，这里还是三亚市区森林植被自然保护区的核心地带，属常绿热带季雨林生态类型，植物种类丰富，有许多国家级和海南省特有物种。

作为海南唯一的山顶公园，鹿回头还是登高望海和观赏南国海滨城市景色的唯一去处，山上艺术夜景灯光系统的开放，又使其倍添迷人风采。白天放眼望去，山、城、海浑然一体，大海与长空一色；入夜山下万家灯火，山上玉树琼花，夜空五彩斑斓，水面波光粼粼，景色如诗般醉人。

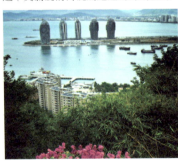

收获

今天我们首先来到了三亚市的著名景点——天涯海角，光听这个名字，就让人感觉到满满的诗情画意，小朋友们来到这里，可以在海边的礁石上寻找古人镌刻的文字。接着我们又来到了鹿回头公园，这里不仅流传着美丽动人的爱情故事，展示了黎族的风俗与文化，而且还拥有着大量的热带植被，值得带孩子前来游玩。

第三天

● 大小洞天

🏠 三亚市以西40千米处的海滨　🚌 乘坐25、29路公交车均可到达　🕐 7:30—18:30
💰 旺季130元，淡季108元

大小洞天是道教文化的传播地，自古号称琼崖第一山水名胜。此洞由宋朝吉阳军知军发现，后经崖州郡守周康、毛奎挖掘建设，至今已有800多年的历史，是海南岛最早的旅游景点。大小洞天面朝大海、背靠南山，与南山文化旅游区隔山而望。景区占地面积为22.5平方千米，山景、海景、石景融为一体，被称为南山三景，享有海山奇观之美誉，至今还保留有小洞天、海山奇观、钓台、仙梯、仙人迹、试剑峰等遗迹和文人石刻。

进入大小洞天景区，首先映入眼帘的是海边高大的椰树林，穿过椰树林是一片美丽的沙滩，少量的礁石散落在海边，不少游人把这里当成留影的第一站。坐着景区的电瓶车，沿着海边的水泥路面沿山而行，走到路的尽头就是小月湾。小月湾依山傍海，风光无限，礁石犹如从天上撒下来的花瓣，散落在大海和沙滩上。爬到海中的礁石上，感受强烈的海风，看海浪拍打着礁石，一切心中杂念顿时云开雾散。沿着路从小月湾返回，即可看到久负盛名的小洞天。小洞天实际

上是海边巨大的礁石，礁石下面的洞口开阔，人可以进出。在礁石崖壁上镌刻有"小洞天"3个大字。有小洞天当然应该有大洞天，据《崖州志》记载，大洞天内有石桌、石凳，小溪环绕，宛若仙境，但至今无人找到。

沿着大小洞天对面的山路上去，两边都是千年龙血树，也就是我们常说的南山不老松。此树据说在南山一带生长着3万株之多，主要集中于南山大小洞天旅游区，树龄逾千年的有2000多株，树龄最长的有6000多年。在那棵树龄超过6400年的松树上，绑满了人们祈福的红绳带，每一根红绳带上面都写有祈福的话。

● 南山文化旅游区

🏠 三亚市崖州区南山文化旅游区　🚌 乘坐 16、55、57 路公交车均可到达　📞 0898-
88837888　🕐 8:00—17:30　💰 121 元　🌐 www.nanshan.com

　　此山可谓是中国最南部的山了。这座坐落在三亚的南山，曾经是一座名副其实的小荒山，从 1995 年开发到现在，短短十几年的时间已成了全国著名的旅游景区，而且在 2007 年成为国家首批 AAAAA 级景区。

　　目前南山已经建成一寺（南山寺）、一苑（南山海上观音苑）、两园（慈航普渡园和吉祥如意园）、一谷（长寿谷）、一湾（小月湾）等旅游景观群。景区内有一座 2005 年开光的金玉观音，高 108 米，屹立在南海岸边，气势恢宏。这尊观音是用 100 多千克黄金、120 多克拉钻石、数千粒红蓝宝石、祖母绿、珊瑚、松石、珍珠及 100 多千克翠玉等制造而成的，采用了中国传统宫廷金细工工艺，属于国宝级珍宝。据佛教经典记载，观世音菩萨为了普度众生，发了 12 大愿，其中第二愿即常居南海愿。唐代著名的鉴真法师为弘扬佛法，5 次东渡日本未果，其中第五次就漂流到南山，在此居住一年之久，并建造寺院，传法布道。日本第一位遣唐僧空海和尚也在此登陆中国，驻足传法，所以南山历来被视为吉祥福泽之地。

💧 收获

　　三亚这座享受大自然一切恩宠的城市，同样也把大自然给予的宜人的气候、清新的空气、和煦的阳光、湛蓝的海水、柔和的沙滩、美味的海鲜展现在游客面前。小朋友来到这里，可以尽情地在海边戏水，可以光着脚丫在沙滩上奔跑，可以品尝海鲜，感受海洋对人类的馈赠。

🔵 三亚吃住行

📷 吃

● 春园海鲜广场

🏠 三亚市春园路春园海鲜广场

📞 13016283883

　　春园海鲜广场是一个有 80 多个排档摊位的大棚，比较经济实惠。

● 花姐好再来海鲜加工店（第一市场总店）

🏠 三亚市新民街 132 号（近第一市场）

📞 15289777717

　　这是一家人气很旺的海鲜店，辣炒小芒果螺（花蛤）和香辣蟹非常好吃。

● 刘记海南风味

🏠 三亚市外贸路 21 号（近海岸人家小区）

📞 13876562995

　　这是一家性价比较高的海南菜饭店，椰子饭、椰子鸡做得都不错。

● 拾味馆（海景花园店）

🏠 三亚湾路 21 号昌达海景花园 1 期 B 栋 1 楼（近新风街）

📞 0898-88835566

　　这是一家环境很好的饭店，骨汤煲得很入味，文昌鸡做得很有特色。

🏠 住

● 金茂三亚亚龙湾丽思卡尔顿酒店
🏠 三亚市亚龙湾国家旅游度假区
📞 0898-66655212

　　该酒店拥有中国海南最壮丽的美景，独一无二的红树林景观及静谧的环境让人无法拒绝。

● 三亚亚龙湾红树林度假酒店
🏠 三亚市亚龙湾国家旅游度假区（百花谷购物中心对面）
📞 0898-88558888

　　该酒店的建筑以浓郁璀璨的东南亚海岛风情与朴质、注重天人合一理念的中国建筑思想完美融合，全天然的开放式设计以及秀丽的风景充斥着房间中的每一个角落。

● 三亚海韵度假酒店
🏠 三亚市三亚湾路 168 号（近海虹路）
📞 0898-88388888

　　三亚海韵度假酒店位于三亚湾最中心的独立沙滩上。酒店拥有各类客房，每一间均为海景客房。

● 三亚蓝岛小栖客栈
🏠 三亚市三亚湾文明路海洋局对面
📞 0898-32898236

　　三亚蓝岛小栖客栈坐落于海洋局对面的 1 楼，总共 8 间房，可以直视海景或者斜视海景，夜晚可以全方位直观凤凰岛美景。

● 三亚汉唐度假公寓
🏠 三亚市河西路中段金河公寓 A 栋 6 楼
📞 0898-88250017

　　该度假公寓地理位置非常优越，楼下便是公交站，临近春园海鲜广场和三亚第一市场。

● 蓝天国际青年旅舍（大东海店）
🏠 三亚市海韵路蓝海巷 1 号
📞 0898-88211770

　　蓝天国际青年旅舍位于大东海旅游度假区的中心位置——大东海广场的西侧，紧挨着夏日百货，不临马路，晚上比较安静。

● 三亚雍和国际青年旅舍
🏠 三亚市大东海下洋田大真岭巷 7 号
📞 0898-88222826

　　该旅舍位于三亚市大东海鹿岭路，旅社为别墅式建筑，有近 1000 平方米的花园及露天酒吧。

● 国际青年旅舍（三亚鹿回头店）
🏠 三亚市鹿回头村四组 162 号（国宾馆旁 80 米）
📞 0898-88226470

　　可以说这是一家中国最靠近大海的青年旅舍，门口就是大海。

🚗 行

● 旅游巴士

旅游巴士是三亚专门开辟的、到达市区主要景点的旅游专线公交车，车况非常好。双层巴士的上层是无玻璃窗户带遮阳顶棚的，坐在车上，你可以一路感受绿色的热带风情。此外，还有一些豪华空调大巴。运营时间基本是 6:00—23:00。票价实行分段计价，费用不等。

● 自行车

在这样一座美丽的海滨城市，没有什么比骑自行车更能感受到其风情的了。三亚的空气好、风景好、沙滩好，骑着单车驰骋在海边是与三亚最浪漫的邂逅。海南很多的酒店、旅舍都有自行车出租，自行车租金为 20~100 元不等。

● 汽车租赁

全程租车游三亚才能真正做到自由自在。租车的最大好处是可以随时调整行车路线，随心所欲地进出商业区和景点，累赘的包裹可以放在车上。海南的东线、西线高速公路由三亚、海口两地开始呈环形沿海而建，形成海南环岛高速公路，中途支路四通八达，连接陵水、万宁、琼海等所有市县，全程免收过桥费，路况极好，风景如画。

● 神州租车

☎ 400-616-6666

● 海南金太阳汽车租赁

☎ 15120944691

亲 子 游

2 烟台

🌸 烟台概况

烟台依山傍海，气候宜人，冬无严寒，夏无酷暑，可谓名副其实的山海仙邦，也是美名远扬的旅游度假胜地。这座亦古亦今、亦中亦西的城市，如同上等白茶般，一品寡淡无味，再品淡香寥寥，三品回味无穷，余香绕舌，多日不绝。这是一座值得所有人放慢脚步、细细品味的城市。

🌊 看海

线路（预计需 3 天）

第一天： 烟台山—月亮湾—东山栈桥—海昌渔人码头
第二天： 养马岛
第三天： 烟台金沙滩旅游度假区

■ 第一天

● 烟台山

🏠 烟台市芝罘区历新路 7 号　🚌 乘坐 43、46 路公交车可达　☎ 0535-6632846
🕐 7:00—17:30　💰 免费

说到烟台，就不得不提烟台山。烟台山上有一座烽火台，始建于明洪武三十一年（1398 年），是当时用来施放烽烟，示警御敌的军事设施。因曾用狼粪作燃料，燃料在燃烧时释放出的烟雾浓且直，故而又称狼烟墩台，烟台便因此而得名。这里至今还有明代抗倭名将戚继光驻兵饮马的营房、马房、马厂街等遗迹。

走进烟台山，呈现在眼前的是一些近代各国领事馆的建筑群，这些建筑群记录了烟台作为山东第一个开埠通商口岸的特殊历史。

除了访古，这里也是一处风光宜人的休闲度假胜地。烟台山靠山临海，环境清爽幽雅，林木郁郁葱葱，红楼青舍影影绰绰映衬其间，对于繁忙的都市人来说，这里是一处难得的修身养性之地。

烟台山的灯塔是烟台的标志性建筑，花 10 元钱便可以乘坐电梯直达塔顶。在上面环顾四周，近处的小洋楼只剩下屋檐瓦顶，远处是浩瀚的大海。迎着海风把眼睛眯起来，让眼前的景物模糊，再模糊，一起来静静地感受海风的气息吧。

● 月亮湾

🏠 烟台市芝罘区北海岸线（近烟台山） 🚌 乘坐 17、82 路公交车以及旅游观光巴士可达
💰 免费

月亮湾的西侧与烟台山遥相呼应，从高处望去，其外形犹如一轮弯月。月亮湾的岸边有一条由石头拼成的木石长堤一直延伸至海中，在尽头处有一座标志性的建筑物——月亮老人雕塑。无论是新婚夫妇，还是热恋中的情侣，都喜欢到这里与月亮老人的雕像合影，祈求月老对其爱情的祝福。

月亮湾的海水清澈透亮，沙滩平缓，每当退潮之后，海湾上就会露出许多圆润、晶莹的鹅卵石，里面还夹杂着无数的贝壳、螃蟹等海产品。因

此，这里除了风清境幽，景色秀美，同时还是烟台一处著名的赶海胜地。

● 东山栈桥

🏠 烟台市芝罘区滨海北路 🚌 乘坐 17、82 路公交车以及旅游观光巴士可达 💰 免费

在芝罘区滨海北路，有一家依山势而修建的东山宾馆，多位国家领导人都曾下榻此地，因此有"烟台国宾馆"之称。出了东山宾馆的后门，隔着一条海滨路，就是宛若巨龙探海的东山栈桥了。所谓栈桥，即延伸到大海里的桥，像这样的桥烟台总共有 3 座，莱山区的黄海明珠栈桥、芝罘区的东山栈桥和开发区的天马栈桥。在这几座栈桥中，东山栈桥的造型最为简单朴实，也是公认的最有味道的一座栈桥。

东山栈桥的造型如一把吉他，尽头是荷花瓣形状的竞海广场，此外，上面还有一座颇具中国风格的望海亭。东山栈桥的一大特色是桥上设置了玻璃制的透明桥面，游人站在桥上，就能看到脚下的惊涛骇浪。风平浪静之时尚好，若是刮风时节，站在栈桥上，整个人都会沉浸在呼啸而过的海风中，滔天巨浪在脚底滚滚翻腾而过，拍打着岸边的礁石，让人深切感受到大自然的汹涌与力量，这一定是一种非常特别的体验。

● 海昌渔人码头

烟台市莱山区滨海中路 45 号（第二海水浴场旁边）　乘坐 10、17、59、K61 路公交车可达　免费

海昌渔人码头是一个适合停下脚步，细细体味的地方。在春暖花开的时节，往码头边的长椅上一靠，朝迎日出，晚送夕阳，面朝大海，旅行就在最美的画卷中静止了。

渔人码头这个概念最初起源于美国加州的旧金山，其后才在各国的海滨城市陆续出现，虽是"舶来品"，但烟台的海昌渔人码头却不输于其他地方。码头边的海水清澈见底，沙滩上全是被海水冲刷得莹润圆滑的鹅卵石，据说到了夏日，在海滩上玩水乘凉，寻找有趣的石头贝壳，是烟台市民十分喜爱的一种娱乐方式。

收获

带着孩子一起体验北方海滨小城的生活，参加退潮后的赶海活动，和人们一起拿着网兜，提着篮子，带着专业的工具，穿着胶鞋，在岸边的石头中捡贝壳，敲海蛎子。这时候孩子们便会活跃起来，在岸边四处奔跑，偶尔也会拾到一些好东西，这时候你的耳边就会响起孩子们欢快的笑声了。

第二天

● 养马岛

⌂ 烟台市牟平区天马路 99 号 🚌 乘坐 617 路公交车即到 🕐 全天

养马岛位于牟平区宁海镇以北 9 千米处，总面积 13.52 平方千米。据记载，公元前 219 年，秦始皇东巡途经此地，见岛上水草茂盛，群马奔腾，便指令在此养马，专供皇家御用，养马岛因此得名。岛内东侧另有小岛，状若巨象饮水，故称象岛。岛上年平均气温 11.8℃，盛产海参、扇贝、鲍鱼、对虾、牡蛎等海产品。目前岛上建有各类宾馆、休养中心40多座，天马广场、赛马场、海滨浴场、海上世界、御笔苑等大中型综合娱乐景区共 15 处。

🌀 收获

养马岛于 2008 年被评为"游客喜爱的魅力景区"，这里气候宜人，山海秀丽，又被称为东方夏威夷，孩子们来到这里，既能领略到烟台独特的自然风光，又能骑马，是一处绝佳的亲子旅行胜地。

第三天

● 烟台金沙滩旅游度假区

🏠 烟台市开发区海滨路 40 号 🚌 乘坐 21、23、201、203、205、206、207、209、210、211、212、522 路公交车或高铁巴士 2 号线可达 ☎ 0535-6381108

烟台金沙滩旅游度假区是山东省第一个省级旅游度假区，素有"中国北方第一海滩"的美誉。沙滩东西长 10000 米，南北宽 60～180 米，沙滩细柔洁净，色泽金黄，面积大，坡度缓，夏季中午时分的水温可达 25℃左右。七彩城嬉水乐园位于公园西部，占地面积 4000 平方米，于 1996 年 9 月竣工开放，拥有 8 条滑道，直道高 12 米，置身其中，惊险刺激，趣味无穷。此外，公园里还有天街广场、秦始皇东巡宫等多个景点。

🌀 收获

今天的路线安排主要是度假休闲游，让孩子和家长们能够在这里度过一段轻松、快乐的时光，进一步领略烟台迷人的风光。

🐾 烟台吃住行

📷 吃

● 福祚黑猪肉馄饨(世贸广场店)

🏠 烟台市芝罘区解放路 156 号世贸广场 1 楼西门

☎ 0535-2150199

　　福祚黑猪肉馄饨是一家以黑猪肉为主题的餐厅,也是烟台口碑很好的私房菜馆之一。

● 糖果西餐咖啡厅

🏠 烟台市芝罘区广仁路 26 号

🕙 9:00—24:00

　　糖果西餐咖啡厅离大海只有一步之遥,前庭后院环境优雅,百年老屋风格古朴,是烟台最有人气的咖啡厅之一。

● 蓝白快餐

🏠 烟台市芝罘区东太平街 42~43 号近烟台山

☎ 0535-6616116

　　这是一座中西合璧的独栋小楼,是一座百年前的建筑——东太平街咖啡厅旧址。

● 烟大小吃一条街

🏠 烟台市观海路迎春大街 80 号

　　这是烟台大学外的一条小吃街,云集了各种小吃。

● 铁记胜利路牛肉拉面

🏠 烟台市芝罘区胜利路 56 号

　　这是一家烟台的老字号拉面馆,是烟台人儿时的味道。

● 友利砂锅居

🏠 烟台市芝罘区福来里街 31 号

☎ 13953568329

　　这家店经营了 20 多年,味道一直保持着高水准,生意很好,经济实惠。

● 乐天拉面(桃花街店)

🏠 烟台市芝罘区桃花街 9-1 号

☎ 0535-6618033

　　这家店据说是烟台人最喜欢的面馆之一。

● 洪兴砂锅(烟台山第八分店)

🏠 烟台市芝罘区北马路 242 号

☎ 0535-6209019

　　一家烟台的特色砂锅店,据说这家店也是烟台第一家砂锅店。

住

● 海岸国际青年旅舍

🏠 烟台市芝罘区朝阳街 41 号
☎ 15666901213

　　旅舍位于朝阳街的步行街内，与朝阳街的其他建筑一样，一桌一椅，一草一木，似乎都带着历史的韵味。

● 红茶馆酒店（莱山店）

🏠 烟台市莱山区海韵路 5 号
☎ 0535-6208800

　　这是一家港式风格的精品酒店，位于滨海观光线路中段，靠近第二海水浴场，步行 5 分钟就能到达海边。

🚗 行

　　烟台旅游观光巴士共有火车站北广场、海港路·名钻行、南大街鑫荟金行、文化中心·茂昌眼镜、第一海水浴场、第一海水浴场东站、月亮湾、栈桥、第二海水浴场南站、莱山区政府、黄海游乐城·工商学院、烟台大学东门、森林公园、地质博物馆、东海城、养马岛大桥、养马岛天马广场 17 个站点。

🕐 发车时间：火车站北广场 8：30、9：00、13：00、14：00；养马岛 11：00、12：00、15：30、16：30

💴 票价：单程 5 元

第四章
观草原一定要去的2个地方

1

亲 子 游

锡林郭勒

🌸 锡林郭勒概况

锡林郭勒草原是世界闻名的大草原之一，也是中国四大草原之一——内蒙古草原的主要天然草场。这里不仅植被类型繁多，而且植物的种类也十分丰富。锡林郭勒高地上的河流，犹如洁白的哈达，蜿蜒流淌在辽阔的草原上。究竟有多少生灵在此繁衍生息，又有多少传奇故事在草原上流传呢？

🌀 观草原

线路（预计需2天）

第一天： 多伦草原—忽必烈夏宫—辉腾锡勒天然植物园—平顶山火山群—锡林九曲

第二天： 西乌旗蒙古汗城—乌珠穆沁草原

第一天

● 多伦草原

🏠 位于多伦县城南510国道旁

多伦草原位于锡林郭勒大草原南端，地处中国北方农牧交错带，是世界著名的锡林郭勒草原的一部分。这里风光旖旎，清澈绵长的滦河就发源于此，并湍流向南。广袤的草场、万亩的良田、郁郁葱葱的原始次生林以及几十条河流、湖泊构成了多伦草原丰富而多变的神奇景观。

夏秋季节，蓝天上白云悠悠，草地上羊群遍野，鲜花盛开。极目远眺，天地相接处一抹碧绿，草原起伏，宛如海浪，呈现出大草原最壮丽的自然景观。在多伦草原上仰视碧蓝的天空，可以感受到与自然融为一体的快感。

● 忽必烈夏宫

🏠 锡林郭勒盟正蓝旗上都镇北 5 千米处

忽必烈夏宫坐落在金莲川草原上，这里是金莲川草原上风景最优美、气候最宜人的地方，这里就是元朝帝王的避暑行宫。忽必烈夏宫是以忽必烈在此继承汗位，并将此地长期作为元朝的夏都而命名的，这里是参观元上都遗址的最佳驿站。

夏宫入口处有一块石头，上面刻有蒙、汉两种文字的"忽必烈夏宫"字样。每到夏季，忽必烈都要率领重臣和后妃来此避暑和处理政务，这里是当时的政治、经济、文化中心。现在，这里建成了独一无二的蒙古大营休闲度假旅游区，众多的蒙古包使这里充满了浓浓的民族风情。

● 辉腾锡勒天然植物园

🏠 位于乌兰察布市察哈尔右翼中旗科布尔镇南 15 千米处

辉腾锡勒是蒙古语，意为寒冷的山梁，这里昼夜温差大，是典型的高山草甸。辉腾锡勒天然植物园是距离呼和浩特市区最近的、最美丽的草原，距市区约 60 千米。植物园里有 100 多种野生的药用植物，还有世界上非常珍稀的柳兰花，这种花仅生长在中国和英国，在中国，也只有辉腾锡勒天然植物园里有。

● 平顶山火山群

🏠 锡张公路（207 国道的锡林浩特—张家口段）20 多千米处

平顶山地貌独特，形成于火山喷发之际。在公路上边行边看，你会发现这些山顶无一例外都如桌面一般平，若是到近处观看，便会发现山上布满了火山喷发时留下的凝灰岩块。关于平顶山的成因，曾流传着一个神奇的故事：在成吉思汗征战漠南之时，一次军情紧急，可是他的坐骑却被几座山挡住了去路，因而延误了战机，成吉思汗大怒之下，挥剑削去了几座山的山顶，于是便有了今天的平顶山。在平顶山看日出日落，景色绝佳，尤其是在日落之时，群山在夕阳的映衬下呈现出或浓或淡的红色，犹如梦境一般。

● 锡林九曲

🏠 位于锡林浩特市东南 13 千米处

锡林九曲的河面非常开阔，右岸坡陡，左岸坡缓，锡林河流经此处时，因河床摆动频繁，故留下了许多河曲。登高远望，河水清澈，绿草如茵，成群的牛羊来此饮水，似珍珠般撒满两岸，让人忍不住开始疯狂地拍照。

🌀 收获

锡林郭勒盟以其辽阔的草原、富饶的资源和独特的风光驰名中外。在这片 20.3 万平方千米的绿色土地上，有中国唯一被纳入国际生物圈的草原自然保护区，拥有一碧万顷的天然牧场和占内蒙古自治区 1/4 的牛羊。这里还是一座名副其实的绿色宝库，是世界上任何地方都难以取代的草原旅游胜地。

第二天

● 西乌旗蒙古汗城

📍 位于锡林郭勒盟西乌珠穆沁旗巴彦乌拉镇南 15 千米处

西乌旗蒙古汗城是目前最集中，也是保存最完整的具有蒙古古代宫殿风格的蒙古汗城。西乌旗蒙古汗城占地面积 20 平方千米，主要以蒙古民族的文化观光、草原观光为主。其建筑风格以元朝成吉思汗时代的蒙古部落风格为准，由以金顶大帐为中心的蒙古包组成。金顶大帐的外观体现了其民族特色，内部装饰则为豪华的宫廷风格，是一个综合性的娱乐场所。这里也是西乌珠穆沁草原最核心的区域。

● 乌珠穆沁草原

📍 位于锡林郭勒盟东乌珠穆沁旗

乌珠穆沁草原是中国最为丰饶的草原之一，这里养育着著名的乌珠穆沁肥尾羊和乌珠穆沁马。据说成吉思汗组建的怯薛军骑兵所骑的马，全部都是乌珠穆沁蒙古良骥。曹操和唐太宗李世民所骑的宝骥中，也有乌珠穆沁马。乌珠穆沁草原水源充足，牧草茂密，是内蒙古地区最好的草原之一。

🌀 收获

锡林郭勒草原上有众多的自然与人文景观，如始建于秦、辽、金代的古长城遗址等。带着小朋友来到这里，不仅可以感受到大草原的辽阔，而且还可以探索草原上的历史、人文。

🌐 锡林郭勒吃住行

📷 吃

● 塞伊德蒙餐

🏠 锡林郭勒盟锡林浩特市重庆路 1 号
☎ 0479-8270505

　　这是当地很有名气的一家餐厅，其自制的酸奶、奶茶、手把肉、烤牛排味道都很好。

● 格日勒阿妈（锡林浩特分店）

🏠 锡林浩特市桥西新区上都街大业时代爱伦堡底商（西贝餐饮往东 50 米）
☎ 0479-6995888

　　该店经营各种奶制品，甜奶酪馅饼、奶茶、酸奶饼、奶豆腐、奶皮子等都很有特色。

● 嘎拉泰新蒙餐

🏠 锡林郭勒贝子庙街翰林院小区 C 区商铺（近大清花）
☎ 0479-6910008

　　这里的火锅很好吃，味道好，分量足，肉很讲究。

🛏 住

● **玖苑国际饭店**

🏠 锡林浩特市锡林大街 88 号

☎ 0479-6938888

　　饭店本身就是锡林郭勒盟的地标性建筑，酒店设施齐全，房间很大。

● **物华大酒店**

🏠 锡林浩特市锡林大街 43 号（近锡盟日报社）

☎ 0479-8818022

　　酒店距离贝子庙很近，地理位置好，交通便利。

● **如家快捷酒店（锡林浩特团结大街店）**

🏠 锡林浩特市团结大街 19 号（近锡林浩特第三中学）

☎ 0479-8800555

　　这是一家性价比很高的快捷连锁酒店。

● **碧海快捷宾馆**

🏠 锡林浩特市贝子庙街 109 号（贝子庙东侧）

☎ 0479-8226666

　　这里距离贝子庙很近，性价比很高。

🚌 行

　　锡林郭勒盟大部分公路是草原自然路和低等级公路，不能全天候通车，在风、雨、雪灾害时期有堵车现象。国道 207 线从内蒙古乌兰浩特市至广东海安镇，国道 208 线从二连浩特市至山西长治市，国道 303 线从吉林集安市至锡林郭勒盟。省道 101 线从呼和浩特市至通辽市霍林郭勒，省道 204 线从锡林浩特市至赤峰市林西县巴林桥，省道 207 线从锡林郭勒盟苏尼特右旗赛汉塔拉镇至乌兰察布市与河北省张北县交界处，省道 304 线从河北省围场县至乌兰察布市集宁区。国道和省道干线连接全盟 13 个旗县市区政府所在地，自驾很方便。

2 呼伦贝尔

亲 子 游

🌸 呼伦贝尔概况

"哪怕我走过万水千山，也忘不了美丽的呼伦贝尔草原……"不到呼伦贝尔，怎么能算是到过草原！"巍巍兴安岭，滚滚呼伦水，千里草原铺翡翠，天鹅飞来不想回……"一首悠扬的《呼伦贝尔美》伴我们走进草原，一起去看看那里白白的云，蓝蓝的天，青青的草，绿绿的水，高高的树，淳朴的人。

🌊 观草原

线路（预计需2天）

第一天： 金帐汗蒙古部落—海拉尔西山国家森林公园—呼伦湖
第二天： 黑山头口岸—恩和—室韦俄罗斯民族乡

■ 第一天

● 金帐汗蒙古部落

🏠 呼伦贝尔市陈巴尔虎旗呼伦贝尔草原德莫尔格勒河畔　💴 20元

金帐汗蒙古部落位于呼伦贝尔草原上号称"中国第一曲水"的莫尔格勒河畔，是呼伦贝尔三大草原旅游景点中景色最美的一个。莫尔格勒河直线长度仅290千米，但是其弯弯曲曲的河道总长竟达1000多千米。这里是中外驰名的天然牧场，也是"天苍苍，野茫茫，风吹草低见牛羊"的呼伦贝尔草原腹地。12世纪末至13世纪初，一代天骄成吉思汗曾在这里秣马厉兵，与各部落争雄，最终占领了呼伦贝尔草原。金帐汗蒙古部落景点的布局，就是当年成吉思汗行帐的缩影和再现。

在草原上，你常常会看到一片一片的沼泽地，里面有一个一个圆圆的鼓包，比人头还大一圈，当地人称"塔陀包"。夏季时，鼓包上面很滑，且包下的水都是死水，比较脏，不要试图在上面跳来跳去，很容易滑倒。

● 海拉尔西山国家森林公园

🏠 呼伦贝尔市海拉尔区西山 💰 20 元

海拉尔西山国家森林公园是中国唯一一个以樟子松为主体的国家级森林公园。公园内还有海拉尔展馆和游乐园，海拉尔展馆里面是一些关于海拉尔的民俗、文化、历史、动植物和民族服装方面的展览。游乐园分为两部分：动物园和缩微景观园。动物园内有黑熊、梅花鹿、狐狸等动物。缩微景观园内是 23 处按比例缩小的呼伦贝尔境内的主要景观，如果你没有时间走完呼伦贝尔全境，到这里看看也是不错的选择。

● 呼伦湖

🏠 呼伦贝尔市新巴尔虎右旗呼伦湖旅游景区

呼伦湖是内蒙古自治区第一大湖，湖面海拔 500 多米，湖泊面积最大时约 2300 平方千米，平均水深约 5.7 米，最深处为 8 米。呼伦湖水生动植物丰富，水域宽广，沼泽湿地连绵不断，草原辽阔，食饵丰富，鸟类栖息环境很好，因此成为我国东部内陆鸟类迁徙的重要通道，也是观鸟的好地方。最佳观鸟地点是位于呼伦湖和贝尔湖之间、号称"芦苇王国"的乌兰泡。目前，呼伦湖的主要旅游区就是湖畔的"小河口"旅游区。

🔴 **美食推荐**

南达赉湖饭店的全鱼宴远近闻名。

呼伦湖的著名景点有水上日出、湖天蜃楼、石桩恋马、鸥岛听琴等。湖滨有"呼伦""贝尔"两艘游船可供游人乘坐。

🔵 收获

呼伦贝尔市有着得天独厚的自然资源，这里有水草丰美的呼伦贝尔草原、松涛激荡的大兴安岭林海、纵横交错的河流、星罗棋布的湖泊，组成了一幅幅绚丽的画卷。

第二天

● 黑山头口岸

🏠 呼伦贝尔市额尔古纳市

黑山头口岸坐落在额尔古纳河畔，因额尔古纳河上的"界河游"而闻名遐迩。黑山头口岸为国家一类口岸，与俄罗斯的旧粗鲁海图口岸隔河相望，口岸处有好几条河道隔在中俄之间，游客只能到达中国一侧的界河桥，而两桥之间的部分就是隔离带了。桥的北侧有游艇码头，游人可以在这里乘坐游艇，体验一下"界河游"的乐趣。你可以在艇上看到近在咫尺的俄国小镇，黄头发、高鼻梁、蓝眼睛的俄罗斯人在河边劳作，这种"一水分两国、一目览两岸"的情景很是有趣。

● 恩和

❗ 到了旅游旺季（7、8月份），几乎家家户户都接待游客，俄罗斯民族家庭游住宿50元／间，环境舒适，有的房间配备电脑，但不能洗澡

恩和乡位于额尔古纳河以东、大兴安岭以西的中俄边境线上，这里有约2800多位居民，其中一半是俄罗斯族后裔。他们说着一口流利的汉语，要是不看脸，你真的会以为他们是地道的中国人。19世纪末20世纪初，中国"闯关东"的人与西伯利亚和远东地区的俄国人在额尔古纳河畔不期而遇，两个不同种族的人民在生产和生活中成为好朋友，继而联姻，并永久定居，形成了中国最大的俄罗斯族聚集群。直到今天，他们的后代仍较为完整地传承着俄罗斯族的风俗习惯，居住的是典型的俄式木砌房子，这种房子叫作木刻楞。木刻楞用原木交错叠建，原木之间垫有青苔或泥土，屋顶是用铁皮覆盖的，门窗边框用彩色漆绘，家家窗台上都有鲜花。他们酷爱歌舞，衣服色彩鲜艳，待人豪爽开朗。如今，在恩和俄罗斯族民族乡，上规模的旅游接待户就有十几家。

● 室韦俄罗斯民族乡

室韦俄罗斯民族乡拥有国家一类口岸，有中俄第一座永久性大桥——友谊桥。室韦俄罗斯民族乡自然风光秀丽，人文风俗独特，一年四季都有独特的旅游资源，是摄影、旅游、采风的好去处。

室韦俄罗斯民族乡是蒙古族发祥地，现保存有大小城遗址10余座，有较深的蒙古族寻根、祭拜、观光、考察等历史文化内涵和底蕴。此外，这里仍保留着较为完好的俄罗斯文化和生活习俗，不出国门，就可以领略到异国风情。这里有异国风情的村舍民风，还有热情好客的俄罗斯族大哥大姐。

🌸 收获

众多的民族、各具特色的风土人情、珍贵的文物古迹、回味无穷的地方美食，更是为美丽富饶的呼伦贝尔增添了几分神秘色彩。小朋友在这里不仅能欣赏到广阔无垠的草原风光，而且还能体会到众多民族风情。

🐾 呼伦贝尔吃住行

📷 吃

● 诺敏塔拉奶茶馆（华联商厦店）

🏠 呼伦贝尔市海拉尔区华联商厦 4 号楼

☎ 0470-8296962

    这是当地一家人气很旺的餐馆，锅茶、手把肉、布里亚特包子、烤羊腿都不错。这家店的地理位置很好，在成吉思汗广场附近。

● 子昱饭店

🏠 呼伦贝尔市黑山头镇 301 省道加油站对面

☎ 0470-6972707

    这是一家很人性化的餐厅，服务好，烤羊排很有特色，是用茶香熏烤的。

🛏 住

● 贝尔大酒店

🏠 呼伦贝尔市海拉尔区中央大街 36 号

☎ 0470-8358455

    酒店位于呼伦贝尔市中心，购物、交通都很便利。

● 友谊国际酒店

🏠 呼伦贝尔市海拉尔区桥头街 10 号

☎ 0470-3908888

    友谊国际酒店的炸羊排有口皆碑，该酒店位于繁华商业区附近。

行

呼伦贝尔面积很大，而草原的美景全在路上，因此建议包车出行。包车时，可以在路上随时停车，找一个蒙古包进去做客，与牧民的马、牛、羊近距离接触。呼伦贝尔目前还没有定点的包车服务，一般全程包车的参考价是 500 元 / 天，含租车费、油费、过桥费。也可选择只付租车费和过桥费，油费则走多少算多少，这样的价格大概在 300 元 / 天。

第五章
休闲游一定要去的 4 个地方

亲 子 游

1 成都

🌸 成都概况

成都，一座来了就不想走的城市，这座城市的可爱之处实在太多了。从游览方面来说，这里有武侯祠、杜甫草堂、青羊宫、文殊院这样的古迹，有四川博物院、金沙遗址博物馆这样的文化场所，有锦里、宽窄巷子这样的休闲场所；从美食方面来说，这里有火锅、川菜、小吃，还有茶馆，林林总总，让人目不暇接！

🏄 休闲游线路推荐

线路（预计需4天）

第一天： 锦里—武侯祠—宽窄巷子—青羊宫—杜甫草堂
第二天： 四川博物院—金沙遗址博物馆
第三天： 成都大熊猫繁育研究基地
第四天： 黄龙溪镇

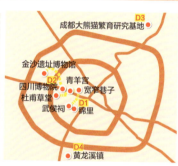

🟧 第一天

● 锦里

🏠 **成都市武侯区锦里一条街** 🟧 **www.cdjinli.com**

锦里兴起于秦、汉时期，是成都重要的古街之一。如其铭文"名彰汉唐，街纳古今"所言，现在的锦里保留了明、清时期的完整风貌，又融入了十足的现代时尚元素。古街南北走向，街巷蜿蜒曲折，占地面积不算太大，但有一种广纳天地的感觉，虽然这里没有大型的都市商场，但锦里几乎囊括了成都所有的休闲项目、名目繁多的小吃、格调古雅的私房菜馆、氛围随意的茶座，还有花样层出不穷的旅游纪念品。锦里虽然昼夜人满，但对喧嚣的城市生活再有抗拒心理的人在这里也都能找到一些心仪的事物。在成都这座崇尚消费和享受的城市，锦里堪称一处理想的都市休闲驿站。

在古街中有一个古戏台，节假日里可欣赏到别具地方风味的川剧演出，尤其是能瞬间倾倒众生的变脸绝技表演，引得人们争相观望，原本不大的锦里古街，会立刻变成一个水泄不通的露天剧场。靠近南郊公园的古街深处，有一条宋代石刻长廊，陈列有附近地带出土的宋代石刻造像，造型大都简洁古拙，保存完好。

　　紧邻锦里有一处叫耍都的去处，聚集了大量的餐厅、酒吧、KTV 等娱乐休闲场所。"耍"字在四川方言里是一个很重要的词汇，上口率极高，其内涵已远远超越了"玩"的概念。此地称为耍都，足见其在成都娱乐界的地位。实际上锦里与耍都已然合为一体，完全没有地域上的分界，古蜀遗韵与现代都市元素相结合，可谓旧城旅游改造的范本。

● 武侯祠

🏠 成都市武侯区武侯祠大街 231 号　🚌 乘坐 1、57、82、334、335、503、901 路公交车至武侯祠站下车　🕐 夏季（5 月 1 日—10 月 31 日）8:00—20:00，冬季（11 月 1 日—次年 4 月 30 日）8:00—18:30　💰 60 元　🌐 www.wuhouci.net.cn

　　武侯祠是纪念三国时期杰出的政治家、军事家诸葛亮的祠宇。蜀汉后主刘禅即位后，封诸葛亮为武乡侯，领益州牧，逝世后谥号"忠武侯"，后人惯称诸葛亮为武侯。在我国民间，诸葛亮被视为智慧的化身，除了在政治、军事方面深有造诣，他在文学、书画、音律，甚至军械铸造等方面也均取得了卓越的成就。纪念诸葛亮的祠庙也广为分布，多达数十处，其中有名的当数成都武侯祠、襄樊古隆中武侯祠、河南南阳武侯祠、陕西汉中勉县武侯祠等。

　　成都武侯祠始建于西汉末年，由刘备、诸葛亮等蜀汉君臣合祀祠庙及刘备墓惠陵组成，面积并不大，但建筑分布规整，气度不凡。1984 年，武侯祠成为博物馆。

　　进入武侯祠大门后，有两块传世的古碑，其一为唐代楷书名家柳公权之兄柳公绰所书，另一块为明代遗物。往前过二门，左右分列蜀国武将、文臣像，为清代所塑，个个仪表非凡，人物形象与《三国演义》里面的描述十分接近，具有很高的艺术价值。再往前是汉昭烈庙，这是纪念汉昭烈皇帝刘备的祠庙，正堂塑刘备像，黄袍加身，气度尊贵，左右厢房塑关羽、张飞像。汉昭烈庙后是武侯祠，正中的诸葛亮塑像为人们熟知的羽扇纶巾形象，关兴、张苞护卫左右，祠内存有明清时期的武侯石刻画像和碑刻文物。沿中线再往后即是在全国各地广泛分布的刘关张三义庙。

　　武侯祠自建立以来，文人骚客多有凭吊，留下的诗章翰墨无数，杜甫有《蜀相》诗传世，可执牛耳："丞相祠堂何处寻，锦官城外柏森森。映阶碧草自春色，隔叶黄鹂空好音。三顾频烦天下计，两朝开济老臣心。出师未捷身先死，长使英雄泪满襟。"

南宋岳飞抗金，于北伐途中路过河南南阳，拜谒武侯祠，书诸葛亮的《出师表》以明志，其书法造诣已达至高境界。在全国各地的武侯祠和岳王庙多陈有这两部书法作品的碑刻，成都武侯祠版本虽为今人所刻，亦风骨铮铮，书家笔毫历历在目，似能看到将军"怒发冲冠，凭栏处"的报国情怀。现代的郭沫若、徐悲鸿等艺术才人也在此留下了许多墨迹。

武侯祠内藏有大量的古蜀文物，在文物区能欣赏到博物馆级别的藏品，尤以东汉时期的青铜器、陶器、汉代画像砖等最具历史价值，这些文物从社会生活的各个方面较为系统地展示了东汉时期的蜀地文明。

进入武侯祠大门往西走，是疑为三国蜀先主刘备的陵墓惠陵所在。目前发现的刘备墓有疑冢多处，包括可信度极高的白帝城刘备墓。据武侯祠博物馆的考古发掘证实，此处陵墓确为三国时期墓葬，且未发现被盗痕迹。墓葬封土高12米，墓墙周长180米，从封土的占地面积来看，墓主具有极为显赫的地位。《三国志》载，章武三年（223年）八月刘备葬于惠陵，甘、吴二夫人亦先后葬于此。墓葬留有清康熙年间"汉昭烈之陵"的碑刻。

● 宽窄巷子

🏠 成都市青羊区宽窄巷子 🚇 乘坐地铁4号线至宽窄巷子站下车

宽窄巷子、文殊院、大慈寺是成都市的三大历史文化名城保护街区，是最能代表老成都历史印记的区域。

清朝时期在平定了准噶尔之乱后，在当年少城的遗址上重修了满城，成为八旗军驻防的军事基地。自清康熙五十七年（1718年）开始，满城的营建经历了数十年时间，形成了以将军衙门为中心，常顺街为中轴线，方圆约5千米的城区范围，按照北方兵营房舍的要求构筑，向外开关自如，易守难攻。42条胡同组成的兵营与城池的结合严谨合理，北端正对武担山，南端抵金河，占据形胜，掠尽风华。遗憾的是，这片营房也随着昨日烟尘慢慢消失了，只留下来3条平行的巷子和一些四合院，这就是今天的宽巷子、窄巷子和井巷子，成都市民惯称这片街区为宽窄巷子。

宽窄巷子阅尽成都古城的递嬗沉浮，千年少城的最后遗存使之成为老成都最后的影子。改建后的宽窄巷子更显荣华，重现了商贾云集的繁奢之貌。宽巷子以休闲美食和旅游纪念品经营为主，集中了私房菜、茶馆和小吃，是成都重要的美食地带，不经意间在一些门户前还能看到前朝石刻；窄巷子聚集了大量西餐厅、酒吧和咖啡馆，还能看见民间艺人的表演，一堵长长的文化墙以浮雕和图文的形式向人们展示了这片街区的过去；井巷子上留有一眼八旗兵勇使用的古井，这条巷子尚在开发施工中，不久将会成为与宽巷子、窄巷子一样热闹的街区。

● 青羊宫

🏠 成都市青羊区一环路西二段9号 🚌 乘坐11、19、34、35、42、58、59、82、129、151、165、1024、1031路公交车均可到达 ☎ 028-87766584 💰 10元

　　青羊宫素有"川西第一道观""西南第一丛林"之称，始建于周昭王十五年（公元前1015年），初名青羊肆。唐玄宗于天宝十五年（775年）避安史之乱、唐僖宗于中和元年（881年）避黄巢起义均在青羊肆居住，中和三年（883年）更名为青羊宫。至明朝，唐时殿宇均毁于天灾兵焚，目前留存的道观建筑群为清康熙六年至十年（1667—1671年）重建。因传青羊宫东侧花园有吕纯阳、韩湘子二仙显迹，因而在康熙年间建有二仙庵，成为道教全真龙门派丹台碧洞宗祖庭。经过后世几次重修，青羊宫才形成了现有的建筑群规模。

　　历史上的青羊宫长盛不衰，单是因其发轫于西周就足以称道，如此具有历史价值的道观并不多见。步入青羊宫山门，参天银杏遍植，廊苑秀雅，殿宇庄严，香云缭绕，钟磬常鸣。三清殿前一对充满传奇色彩的青羊已被游人摩得铮亮，羊耳朵里都被塞满了钱币。

● 杜甫草堂

🏠 成都市青羊区青华路37号 🚌 乘坐19、35、58、82、151、165、170、1031、1134路公交车均可到达 🕐 夏季（5月1日—9月30日）8:00—20:00，冬季（10月1日—次年4月30日）8:00—18:30 💰 60元 🌐 www.cddfct.com

　　稍有国学常识者都知道杜甫草堂的来历，草堂与中国历史上伟大的现实主义诗人杜甫有着密不可分的联系，就如同蜀相诸葛亮之于隆中草庐一般。杜甫草堂虽为一介草堂，但却同武侯祠一样，都是成都古城重要的地面文物建筑。

　　唐乾元二年（759年）的冬天，时值安史之乱之际，杜甫携家人由陇右入蜀，次年春自建茅屋而居，称成都草堂。杜甫两度居住于此近4年时间，其间创作出大量诗词，传

世至今的尚有 240 余首，不朽诗作《茅屋为秋风所破歌》即创作于此，一句"安得广厦千万间，大庇天下寒士俱欢颜"代表了世间寒儒忧国忧民的情怀。寓居草堂期间，杜甫与剑南东西川节度使严武交好，并于唐广德二年（764 年）6 月在其幕府任节度使署中参谋、检校工部员外郎，遂有世称杜工部之名。年老的杜甫并不适应官场倾轧，于唐永泰元年（765 年）春辞去幕职。同年 5 月严武去世，杜甫携家人离开成都，再次开始了流徙生活，次年抵夔州。唐大历五年（770 年），贫病交加中的一代诗圣病故在一条由潭州去往岳州的船上。

杜甫生活在唐代政权由盛转衰的时期，一生颠沛流离，阅尽沧桑，其创作的诗词多反映民间疾苦，文学成就仅有李白、白居易等顶级大师能与之平起。

杜甫离开成都草堂后，西川节度使崔宁之妾任氏在此建有私宅。

唐大历三年（768 年），泸州刺史杨子琳发动叛乱，进攻成都，任氏自出家财，招募乡勇千名，击退叛军。任氏去世后，人们在杜甫草堂旁边设立祠堂，因其紧邻浣花溪，故称之为浣花祠，尊任氏为浣花夫人。至五代，诗人韦庄寻访到"柱砥犹存"的旧址，重建草堂。北宋吕大防再次重建草堂，至此，草堂成了纪念性的祠宇。明代朱椿建工部祠和两侧庑殿。至清代，于草堂旧址发掘出明代何宇度所刻杜甫像石碑，祠内增塑黄庭坚和陆游像为配祀，此二文豪皆对杜诗极为尊崇，黄庭坚曾被贬谪于蜀地，陆游也在蜀地宦游过较长时间，故有此纪念。

目前的杜甫草堂景区保留了唐代以来的诸多遗迹，有着规模可观的建筑群和完整的园林景观，复原了茅屋故居，新建有纪念室，东侧的浣花祠和大雅堂也一并被纳入杜甫草堂博物馆。

🔴 收获

在中国大量的历史文化名城中，成都建城算是比较早的。因此，小朋友在成都除了能感受到中国西南部重要城市的独特魅力，还能品尝到当地的特色美食。

📙 第二天

● 四川博物院

🏠 成都市浣花南路 251 号 🚌 乘坐 19、35、47、82、88、309A、407、901 路公交车至送仙桥站下车 🕐 周二一周日 9:00—17:00，周一闭馆（节日除外） 💲 免费 🌐 www.scmuseum.cn

四川博物院始建于 1941 年，时称四川博物馆，后称川西人民博物馆。2009 年在浣花溪畔落成的新馆更名为四川博物院。川博者，川聚物华，博览春秋。在西南地区，四川博物院在博物收藏方面占有非常重要的地位，拥有藏品 26 万多件，以巴蜀青铜器、汉代画像砖、石刻造像、陶艺、张大千艺术作品、西南少数民族文物、藏传佛教文物等收藏见长，开设有 10 个专题展览。欲了解一座城市，最好的去处便是博物馆。古蜀文化深厚，从一件件藏品中不难看出古蜀先民的创造对今日成都之影响。

巴蜀青铜器馆

自20世纪50年代以来，在成都新繁水观音、重庆巴县冬笋坝、昭化宝轮院、彭州竹瓦街、成都羊子山、成都百花潭、重庆涪陵小田溪、新都马家乡、广汉三星堆、成都金沙、阿坝茂县、达州宣汉县等一系列的考古活动中出土了大量的青铜器，主要为礼器和兵器，其数量之巨大、造型之独特令世人为之瞠目。青铜考古证明，古蜀人在三四千年前即创建了高度文明的古国，并和巴人一起造就了巴蜀青铜文化。考古成果显示，夏商周时期中原和荆楚的青铜文化也曾传入巴蜀。巴蜀青铜器的重新面世，为古巴蜀历史文化研究提供了珍贵的实物资料。

四川汉代陶石艺术馆

此展厅以一尊厚重大气的都江堰出土的李冰石像摹刻品为先导，将人们引入到一个坚实的艺术世界。画像石、画像砖以及陶塑兴起于西汉中期，当时统治者尊崇儒术，提倡孝廉，厚葬之风盛行，陶石艺术遂盛行于两汉。四川是当时陶石艺术的重要产地，具有种类多、数量庞大、地域特征明显的特点。汉代画像砖石、陶塑工艺品的塑造技巧和雕刻手法是中国美术史上的华章，也是汉代社会生活、精神观念的写照，表现了古人对生命的礼赞和渴望。

万佛寺石刻馆

万佛寺位于成都市西门外通锦桥，相传建于东汉延熹年间（158—167 年），明末毁于战乱。清光绪八年（1882 年），万佛寺遗址被发现，先后 4 次出土石刻造像 200 余件，很大一部分为后来的四川博物院收藏。出土石刻文物有佛像、菩萨像、造像碑、造像龛、伎乐像、建筑构件等。馆藏陈列多为南北朝时期的精品之作，由于南北朝正是中国佛教石刻艺术的鼎盛时期，所以，参观这个展厅是一次很难得的视觉艺术体验之旅。

书画馆

《四库全书总目提要》载："蜀道僻远而画手独多于四方。"《益州书画名人录》载，唐乾元至宋嘉德（758—967 年）以及清初至民国（1736—1946 年）两段历史时期的川籍和在川的外籍书画名人达 1100 多人。此外，抗战时期也有众多文化名人、艺术家在川渝逗留，为四川积累了大量的书画佳作。四川博物院的书画藏品虽为吉光片羽，但也能从其中感受到中华书画艺术的静水流深。其中尤以石涛、郑板桥、齐白石、徐悲鸿、傅抱石等大师的真迹最为引人注目。

陶瓷馆

陶瓷是土与火的艺术，早在 1.5 万年前，先民们就创造了陶器，至夏商时期瓷器萌芽，汉代已能烧制成熟的瓷器。在中国各大博物馆的收藏中，陶瓷一定是不可或缺的项目。四川博物院馆藏的宋代景德镇窑青白釉刻花梅瓶、明青花莲鹤纹素狮纽熏炉、青花龙纹扁执壶等，均是难得一见的神品。

工艺美术馆

四川博物院馆藏的工艺品时间跨度早至商代，晚至清末民初。这些作品造型雅致、色彩绚丽、雕饰华美，既是精美的工艺品，也是生活中的实用之物。

四川民族文物馆

四川是西南少数民族聚居的重要省份，该展厅对四川的主要少数民族生活习俗进行了全面、系统的罗列展示，主要文物有服饰、手工艺品、生产工具等。

藏传佛教文物馆

四川博物院收藏的藏传佛教文物全面反映了 1000 多年来佛教文化在藏区的传播和发展，绝大多数展品具有极高的历史学术价值和艺术欣赏价值。

共和之光

该馆展示了革命党人缔造民国的斗争风采，重现保路运动的丰功伟绩。

张大千书画馆

张大千（1899—1983年），原名正权，后易名爰，字季爰，四川内江人。曾师从曾熙、李瑞清研习诗文书画，一度为僧，法号大千。张大千早年自临摹名家画作入行，喜摹石涛、朱耷、石溪、渐江等人的画作，后上溯宋元诸家，有以假乱真之能。张大千从艺70余年，仰天纵之才，尽毕生之功，踪迹先贤，遍游中华，熔铸古今，集先古画学之大成，留下墨宝数万。其山水花鸟、人物侍女、工笔写意无所不精。徐悲鸿先生曾盛赞曰："张大千，乃500年来第一人也！"在四川博物院展出的张大千画作多为20世纪40年代初先生倾其所有远赴敦煌临摹的壁画，他在敦煌摹写作品270余幅，耗时2年7个月，洞悟"法相庄严"，借古开今，开创了泼墨重彩的一代画风。张大千极

其看重这批临摹作品，在1949年嘱咐家人将这批画作捐献给国家。1955年，大千先生的家人将这些艺术瑰宝捐赠给了四川博物馆。

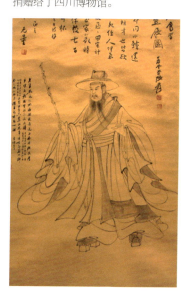

● 金沙遗址博物馆

🏠 成都市青羊区金沙遗址路2号 🚌 乘坐7、82、83、100、111、123、147、163、175、209、211、1043、1123路公交车均可到达，也可乘坐地铁7号线至金沙博物馆站下车 🕐 5月1日—10月31日8:00—20:00，11月1日—次年4月30日8:00—18:30，周一闭馆（1、2、7、8月及节日除外）💰 80元 🌐 www.jinshasitemuseum.com

欲了解古蜀的历史，不可不参观三星堆，参观三星堆，又不可不了解金沙遗址。金沙遗址被发现之前，三星堆几乎是一个孤立的文明现象，一度处于前无古人，后无来者的考古悬疑状态。如此璀璨的古蜀文明，不可能悄无声息地消逝在历史的长河中。金沙遗址问世后，三星堆文明的谜团有了新的解释和推测。从目前出土的文物来看，金沙遗址被认为是三星堆文明的延伸，除了在文物个体体积上偏小，绝大部分文物的造型、材质与

三星堆出土文物是一致的。从年代上看，金沙文明大致要晚于三星堆文明500年。这片遗址被人们称为金沙王国，摸底河畔出土的一棵巨大榕树，早在商代便化为了不朽的阴沉木。近几十年来，在成都平原及四川盆地周边地区，已发现几十处与金沙类似的商周时代遗存。从地形上看，金沙极有可能是古蜀国的一处政治、经济、宗教、文化中心。

由于技术条件所限等原因，在尚未完成考古发掘的遗址下面，还埋藏

着难以预料的国之重宝。考古学家认为，在今后的发掘中，类似三星堆文物中的大型青铜器将会破土而出，届时，对于古蜀的考古研究将会再次震惊世界。

金沙遗址博物馆的主要建筑是遗迹馆和陈列馆。遗迹馆是一座大跨度的钢结构建筑，透明的天花板下展示着金沙遗址最重要的考古发掘现场之一。2001年2月8日，金沙考古在这里拉开序幕。这里被认为是古蜀先民的一处祭祀区，紧邻摸底河，分布面积约为1.5万平方米。现已发现的祭祀遗存有60余处，出土金器、铜器、玉器、石器、漆木器等珍贵文物600余件，象牙、野猪獠牙、鹿角等以吨计。如今，还可以看到尚未完全发掘的黄土中掩藏着大量的祭祀用品。在这片遗迹中，发现了精美绝伦的"太阳神鸟"金箔、光亮如新的黄金面具、精雕细琢的玉璧、完好无损的石雕，还有来自良渚文化的玉琮及带有明显中原文化元素的青铜器。作为青铜

代表作的一尊小立人，与三星堆的青铜大立人有惊人的相似之处。陈列馆是一座带有强烈古蜀艺术元素的建筑，线条分割显现出强烈的设计风格，隐隐间透着神秘感。室内光线条件出色，出土文物均得到了良好的展示。陈列馆中共有"远古家园""王都剪影""天地不绝""千载遗珍""解读金沙"5个展厅，通过历史的纵横对比，以图文形式表述的历史知识令人大开眼界。

收获

到四川博物院和金沙遗址博物馆中了解四川的历史，你就会发现川蜀之地的历史文化是如此悠久和绚烂。

第三天

● 成都大熊猫繁育研究基地

🏠 成都市成华区外北三环熊猫大道 1375 号 🚌 乘坐 1、49、53、63、64、69、71、83 路公交车至青龙场中心站转 87、198 路公交车即到 💰 58 元 🌐 m.panda.org.cn ❗ 观看大熊猫最好在上午，此时大熊猫活动频繁，精神饱满

大熊猫是全世界最受欢迎的动物之一，对中国人尤其具有吸引力。成都大熊猫基地是仅次于卧龙自然保护区的大熊猫观赏点，全称成都大熊猫繁育研究基地，创建于 1987 年。基地建立初期，以从野外抢救回来的 6 只大熊猫为基础，繁殖培育了 80 多只大熊猫。整个基地面积达 67 万平方米，除了大熊猫，还有小熊猫、金丝猴及其他一些濒危野生动物生活在这里。

在成都大熊猫繁育研究基地看大熊猫，比在条件相对有限的动物园观看更为真切。在这里生活的大熊猫一个个充满活力，毛色黑白分明。基地以造园手法模拟了大熊猫的野外生存环境，人们可以观察大熊猫的繁殖培育过程。野生大熊猫的踪迹仅出现在中国四川、陕西、甘肃等地，不足 1000 只。在 200 多万年前的更生世早期到 100 万年前的更生世中晚期，大熊猫已经广泛分布于中国南部，组成了大熊猫—剑齿象动物群。到今天，该动物群的许多物种已经绝灭，而大熊猫却一直繁衍下来，"活化石"的珍贵可见一斑。而关于大熊猫的种群归属至今还在争论，奇特的生活秉性和生理构造形态让大熊猫成为深山老林中的隐士。大熊猫总给人一种憨态可掬、缓慢笨拙的印象，实际上野生大熊猫具有相当的野性和攻击性，即便是动物园饲养的大熊猫，也会偶尔袭击游人。除了喜食竹子以外，野生大熊猫还会捕食啮齿类小动物，上颚的一对尖牙即是肉食动物的特征。

该基地还组织了广泛的社会活动，为热衷于保护大熊猫的人们提供了很多近距离接触大熊猫的机会，如大熊猫爱心认养、全球招募大熊猫守护大使、组建俱乐部等。值得一提的是，全球招募大熊猫守护大使是一项面向全球青年的长期活动，必须通过层层选拔，最终的胜出者方能有机会与大熊猫朝夕相处，守护大熊猫被称为全世界最好的工作之一。相关信息可浏览成都大熊猫繁育研究基地的官方网站，该网站有丰富的大熊猫知识可供参阅。

🎯 收获

四川旅游局的标志就是大熊猫，可见大熊猫与四川的渊源有多深！国宝大熊猫圆滚滚的身体、可爱的表情，让小朋友们久久不愿离去，到成都看大熊猫是必不可少的一项参观活动。

第四天

● 黄龙溪镇

📍 成都市天府新区真龙街 52 号 🚍 乘坐 541、S18、S86、S90、S91 路公交车及空港双流观光巴士纵线均可到达

黄龙溪镇是一座水陆码头，三国时期蜀相诸葛亮在这里屯兵南征，形成古镇雏形。锦江、鹿溪河在此交汇，占据黄金水道，在古南方丝绸之路上，黄龙溪也是重要的驿站。溪水是黄龙溪镇的命脉，游览古镇，最好沿溪而行，如此一来，整个古镇的细节便可一览无遗。黄龙溪状如龙形，无论是自然的还是人工的排水系统，均经过了精心排布，据地方志载，其始祖为诸葛武侯。

黄龙溪镇之所以声名大噪，主要得益于多部影视剧在此取景。早在 1983 年，电影《司马相如与卓文君》便曾以黄龙溪为外景地。近几年来一些旅游娱乐频道也对其多有推荐。黄龙溪镇是成都辖区古镇中名气最大的，也是人气最旺的一座。但由于现代人工痕迹太重，大片新街区的开发包装已有过度之嫌。老街区在镇东，是一片历史保护街区，也是古镇的精华。狭窄的巷子纵深向里，一眼望不到头，具有相当的历史沧桑感，各种当地的土特产也集中在这里出售。

🔴 美食推荐

古镇鲜梨汤，完全透明化制作，精细卫生，鲜甜沁脾，润肺止咳。

丁丁糖，做法与湘西的姜糖如出一辙，像和面一样反复揉搓拉扯，甜而不腻，非常好吃。

🟠 收获

如果时间充裕的话，可以花一天的时间去参观一下成都周边的古镇，体会一下西南古镇与江南水乡古镇的不同。

🔵 成都吃住行

📷 吃

● 陈麻婆豆腐（骡马市店）

🏠 成都市青羊区西玉龙街 197 号

☎ 028-86743889

这是一家地道的川菜馆，是麻婆豆腐菜肴的创始地，创始于清同治初年。

● 皇城老妈（皇城总店）

🏠 成都市武侯区二环路南三段 20 号

☎ 028-85139999

这是一家最有成都味道的火锅店，创始于 1986 年，实力非凡。

● 龙抄手（春熙路总店）

🏠 成都市锦江区春熙路中山广场东侧城守街 63 号

☎ 028-86666947

顾客爆满的龙抄手店经营众多四川小吃，如担担面、叶儿粑、夫妻肺片、赖汤圆、蛋烘糕、甜水面等。

● 小谭豆花（西大街店）

🏠 成都市青羊区西大街 86 号

☎ 028-86252753

这是成都的一家老字号，出售各式豆花，价格不贵，大多在几块钱左右。

● 大妙火锅（锦里店）

🏠 成都市武侯区锦里二期乌衣巷 13 号

☎ 028-85591111

这里灯光幽暗，火锅美味，连菜谱都是用竹简制作的。

● 蜀九香火锅酒楼（百花店）

🏠 成都市青羊区一环路西一段 160 号

☎ 028-87016811

这里经营典型的川式火锅，在成都有很多家分店，在繁华地段一般都能找到它的身影。

● 大蓉和酒家（紫荆店）

🏠 成都市武侯区高新区紫荆南路 68 号

☎ 028-85142323

这里的川菜做得可以用"正宗""出彩"2 个词来形容，辣度似乎比较照顾外地人，适合大部分人的口味。

● 李雪火锅食府（宽窄巷子店）

🏠 成都市青羊区下同仁路 72 号

☎ 13688322313

这是成都有名的火锅店之一，味道地道，口味正宗。这里的千丝牛杂、李雪毛肚、麻辣牛肉、虾饺、极品鹅肠、牛脊髓等都很不错。

● 锦里小吃一条街

🏠 成都市武侯区武侯祠大街 231 号附 1 号

三大炮、钵钵鸡、牛肉豆花、撒尿牛丸、张飞牛肉、肥肠粉、担担面、伤心凉粉、三合泥、糖油果子、牛肉锅盔等是这里的推荐菜肴。

● 悦来茶馆

🏠 成都市锦江区华兴正街 54 号 2 楼

☎ 028-86094909

这里可以算是标准的成都茶馆了，店内的桌椅、茶具都能体现出这里的历史。

🛏 住

● 成都盛捷江畔服务公寓

🏠 成都市武侯区人民南路三段 1 号招商银行大厦 3 楼

☎ 028-61816888

　　这家店的地理位置极好，位于府南河畔，向窗外望出去就能看到波光粼粼的锦江。

● 成都林隐客栈

🏠 成都市梓潼桥西街 2 号正成财富 ID 大厦一单元 17 楼 19 号

☎ 15308239807

　　客栈位于春熙路南口附近的公寓大楼里，楼下就有家乐福，购物很方便。

● 圆和圆客栈

🏠 成都市青羊区文殊坊 B6-6 号院（近文殊院）

☎ 028-66005012

　　店如其名，店内的装修和装饰上处处充满了禅意。

● 成都会馆

🏠 成都市青羊区文殊坊五岳宫街 28 号（文殊坊内）

　　会馆紧邻文殊院，环境清幽、安逸，并且交通便利。会馆内提供住宿和餐饮服务，其中以住宿环境最具特色。

● 成都梧桐国际青年旅舍

🏠 成都市成华区猛追湾街 28 号附 18 号

☎ 028-84734030

　　这家店的位置很好，紧邻江边，空气好，清晨或傍晚在此散步很舒服。

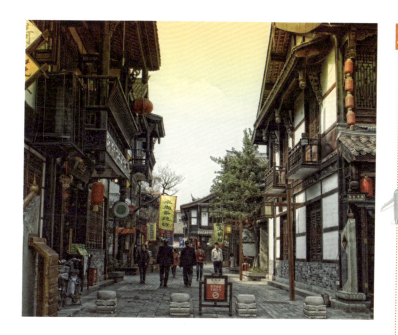

🚗 行

对于在成都游玩的人而言，乘坐地铁1号线、2号线、4号线的频率较高，下面对这几条地铁线路进行简单介绍。

● 地铁1号线

途经站：韦家碾、升仙湖、火车北站、人民北路、文殊院、骡马市、天府广场、锦江宾馆、华西坝、省体育馆、倪家桥、桐梓林、火车南站、高新、金融城、孵化园、锦城广场、世纪城、天府三街、天府五街、华府大道、四河、华阳、海昌路、广福、红石公园、麓湖、武汉路、天府公园、西博城、广州路、兴隆湖、科学城。

● 地铁2号线

途经站：龙泉驿、龙平路、书房、界牌、连山坡、大面铺、成都行政学院、洪河、惠王陵、成渝立交、成都东客站、塔子山公园、东大路、牛市口、牛王庙、东门大桥、春熙路、天府广场、人民公园、通惠门、中医大省医院、白果林、蜀汉路东、一品天下、羊犀立交、茶店子客运、迎宾大道、金科北路、金周路、百草路、天河路、犀浦。

● 地铁4号线

途经站：西河、明蜀王陵、成都大学、十陵、来龙、槐树店、万年场、双桥路、玉双路、市二医院、太升南路、骡马市、宽窄巷子、中医大省医院、草堂北路、西南财大、文化宫、清江西路、成都西站、中坝、蔡桥、非遗博览园、马厂坝、凤凰大街、涌泉、光华公园、南熏大道、凤溪河、杨柳河、万盛。

2
亲子游
重庆

🌸 重庆概况

　　说到重庆，自然会想到江水。滚滚江水给这座城市带来了勃勃生机。朝天门在嘉陵江、长江的交汇处，原题"古渝雄关"，曾是重庆17座古城门之一。这里为历代驻扎重庆的官员接皇帝圣旨的地方，因古代称皇帝为天子，故得名朝天门。朝天门是重要的水陆码头和重要的货物集散地，因此也是棒棒军最活跃的地方。棒棒军们拿着一根竹棒、两条绳索，等候在商场、车站门口，接到活儿后，往往挑着超过自己体重的货物，爬坡上坎，穿过车流。没生意的时候，他们就聚在一起，蹲在地上打牌，外面围了一圈又一圈的棒棒军观战。在朝天门漫步，可以切身感受到山城的码头文化。

🚢 休闲游线路推荐

线路（预计需5天）

第一天： 解放碑—重庆市人民大礼堂—朝天门—慈云寺—湖广会馆
第二天： 重庆歌乐山烈士陵园、白公馆、渣滓洞—磁器口古镇
第三天： 丰盛古镇—金刀峡镇
第四天： 金佛山风景区—仙女山国家森林公园
第五天： 巫峡—小三峡—神女峰

第一天

● 解放碑

乘坐 462、465、601、612、0492、G01 路公交车或者 T480 路都市观光 A 线、T480 路都市观光 B 线、机场快线 K01 路均可到达，也可以乘坐轨道交通 2 号线至临江门站下车

这座屹立在重庆渝中区民族、民权、邹容 3 条大路交会处的纪念碑通高 26 米，雄伟壮观。解放碑最初落成于 1940 年 3 月 12 日孙中山先生逝世纪念日，初时为低矮木质结构，时称"精神堡垒"。抗日战争胜利后，重建成现在的样子，有旋梯可以直达顶端。1950 年由刘伯承改题为人民解放纪念碑。解放碑曾经显得非常高大，如今它已被淹没在四周崛起的豪华建筑物之中，但是它的形象依旧挺拔。每当夜幕降临，在四周的灯光照射下，解放碑会显得格外辉煌雄伟。

解放碑周围已成为重庆最繁华的商业中心，交通十分便利，多路公共汽车从这里始发，到长江索道和嘉陵江索道都不过 10 分钟的路程，小吃一条街也在附近。想看风土人情也好，追求时尚潮流也好，这里几乎能满足人们对重庆所有的关注。

● 重庆市人民大礼堂

🏠 重庆市渝中区人民路 173 号学田湾 🚌 乘坐 112 路内环、145、152、181、262、322、338、421、829、862、881、0491 路公交车均可到达 💰 10 元

重庆市人民大礼堂原名西南行政委员会大礼堂，于 1954 年建成，是重庆独具特色的标志建筑物之一。整座建筑气势雄伟，金碧辉煌，是中国传统宫殿建筑风格与西方建筑大跨度结构巧妙结合的杰作，以其非凡的建筑艺术蜚声中外，由大礼堂和东楼、南楼、北楼 4 部分组成。

作为重庆市的标志性建筑和中国最宏伟的礼堂建筑之一，重庆市人民大礼堂在国内外都有较大的影响，被评为"亚洲 20 世纪十大经典建筑"。中国建筑界泰斗梁思成先生曾把它评价为"20 世纪 50 年代中国古典建筑划时代的最典型的作品"。

● 朝天门

🏠 重庆市渝中区长滨路 1 号　🚌 乘坐 414、440、480 区间、503 路公交车或者 T480 路都市观光 B 线均可到达

　　重庆在嘉陵江和长江水的夹击下伸出了"舌头"，这朝天门就是那舌尖。朝天门地势中间高，两侧渐次向下倾斜。据史料记载，明初戴鼎扩建重庆城，按九宫八卦之数造城门 17 座，其中朝天门的规模最大。因为此门面朝帝都南京，所以官员都在这里恭迎钦差，接圣旨，于是就叫朝天门。今天的朝天门客运码头新建了

宽敞的朝天门广场，在广场上可以俯瞰两江景色。尤其是在夏季，可以俯瞰嘉陵江碧绿的江水与长江浑黄的水流猛烈撞击而形成无数旋涡及"夹马水"景观。

● 慈云寺

🏠 重庆市南岸区玄坛庙狮子山麓，毗邻长江　🚌 乘坐 338、373、375 路公交车均可到达

❗ 如果是下午去游览的话，傍晚后还可以顺便在南滨路美食街饱餐一顿

　　该寺始建于唐朝，重修于清乾隆年间，原为观音庙。1927 年云岩法师募资扩建，更名为慈云寺。慈云寺有 5 绝：玉佛、金刚幢、千佛衣、藏经和菩提树。大雄宝殿正中供奉的释迦牟尼玉佛像高 1.87 米，重 1500 多千克，是中国四大玉佛之一，1931 年由缅甸迎来。玉佛前悬挂着 4 个金刚幢，

上面有五色金线盘结粘贴而成的《金刚经》全文。藏经楼藏有珍稀的影印宋版《碛砂藏》经，共计 6362 卷，另外还有佛教经典、金绣佛挂像、千佛衣、古代指书指画和日本早年出版的全套佛像影画等。寺内有一棵国内罕见的菩提树，是 60 年前自印度移植而来的，如今已枝繁叶茂。

● 湖广会馆

🏠 重庆市渝中区长滨路芭蕉园 1 号 🚌 乘坐 120、141、372、382、414、440、503、871 路公交车均可到达，也可以乘坐轨道交通 1 号、6 号线至小什字站下车 💰 30 元

　　重庆市的湖广会馆修建于清乾隆二十四年（1759 年），当时的重庆就已经是长江上游的交通枢纽与商业重镇，来自外地的商人纷纷在朝天门交易中心码头附近设立会馆。湖广会馆占地面积 8561 平方米，包括两湖会馆、广东公馆、江南会馆、江西会馆等建筑群及 4 个戏楼，可以说是重庆码头文化的产物和代表。现存的会馆内还有雕花木楼、戏台、传统街坊、封火墙等。

🌸 收获

　　解放碑与朝天门广场等景点相距不远，步行即可到达。从朝天门可乘坐轮渡过江，途中可观赏江畔风光，而修建于明清时期的湖广会馆，则见证了重庆的发展。

■ 第二天

● 重庆歌乐山烈士陵园、白公馆、渣滓洞

🏠 重庆市沙坪坝区歌乐山麓 🚌 乘坐 209、215、234、248、467、501、504、805、808 路公交车均可到达，也可以乘坐轨道交通 1 号线至烈士墓站下车

　　这里是"中美合作所"集中营旧址。区域内建有戴笠、梅乐斯住宅和可容纳 2000 多人的宿舍、办公室、餐厅、舞厅、礼堂、军火库，以及渣滓洞、白公馆等 20 余所大小监狱。这段历史已经过去 70 多年了，重庆人常会在 11 月 27 日这一天来此凭吊。而作为旅行者的我们，到这里瞻仰革命先烈是很有必要的。

> 🔥 **游览推荐**
>
> 　　整座歌乐山有众多遗址，但是最值得看的应该是白公馆、松林坡和渣滓洞。白公馆售票处出售单个景点的门票和景点联票，可以根据时间和兴趣自由选择。如果在离开渣滓洞后觉得路远，不妨坐微型面包车下山，票价 5 元。

● 磁器口古镇

🏠 重庆市沙坪坝区磁南街 1 号 🚌 乘坐 209、215、224、234、237、248、467、
501、503、504、805、808、T002、T033 路公交车均可到达，也可以乘坐轨道交通
1 号线至磁器口站下车

　　磁器口古镇是嘉陵江畔一个存在了 1000 多年的古镇，从外面看不过是普通的民居，走进去才会发现，原来这里的许多建筑都是从明、清时代留传下来的，而古镇的风情则更多体现在满街的茶馆、民乐馆、饭馆和随处可见的优美门联上。古镇的入口有一个很大的水泥仿古牌坊。顺着路边的大红灯笼走进石板巷，古镇的点点滴滴便次第展开。卖五彩豆浆的、卖油炸红薯饼子的、卖土豆泥的，热闹非凡。古镇上几乎所有毛血旺餐馆都号称"第一家""最正宗"，但是据说"清韵茶轩"对面的毛血旺才是最好的。

🔴 收获

　　第二天到歌乐山瞻仰革命先烈，接受爱国主义思想教育。之后来到重庆具有代表性的古镇——磁器口古镇参观，感受这里古朴的民风。

第三天

● 丰盛古镇

重庆市巴南区丰盛古镇景区　在南坪汽车站有班车直达丰盛

丰盛古镇位于重庆市东南部，明末清初始建场镇，曾经是重庆府去南川、涪陵的重要驿站。古镇老街两侧均为2~3层全木质穿斗式结构的店铺。店铺后面多为青砖黑瓦四合院，其檐额、堂额、门窗等多饰以戏文故事、鱼虫鸟兽，具有典型的徽派风格，这一特点在重庆众多古镇中是不多见的。

● 金刀峡镇

重庆市北碚区　从南坪汽车站坐到北碚，转乘22队直达金刀峡的班车

金刀峡镇依山傍水而建，游客站在镇外的高处极目远望，可见幢幢木屋砖舍依山分布，重重叠叠，错落有致。一条清澈见底的黑水滩河环抱古镇，流经三圣镇、复兴镇，最后汇入嘉陵江。古镇入口处有一座长条青石小桥横跨水面，街道也用青石铺筑而成，长约400米。街道两旁的店铺鳞次栉比，多为木竹结构，或以长条木板拼合为墙，或以竹编篱笆糊满膏粉为墙。有些临街而筑的小楼，底层空间多设为店堂，上层宅楼呈吊脚式，悬空依柱而筑，既不过多占用街道路面，又达到了"让出三尺地，多占一份天"的设计效果。

🔥 收获

第三天的行程来到周边的丰盛古镇，此处曾经是重庆府去南川、涪陵的重要驿站。其典型的徽派建筑风格使其在重庆众多古镇中更显特别。而金刀峡镇则是国家级风景旅游区，这里的建筑很有特色，小朋友来到这里，可以感受到浓浓的古镇气息。

第四天

● 金佛山风景区

🏠 重庆市南川区天星小镇向西 2 千米处　🚌 在重庆汽车站乘汽车可达南川，再转车至金佛山　🌐 www.517jfs.com

　　金佛山风景区内的山峰层峦叠嶂，群峰耸峙，总面积 1300 平方千米，可游览区域为 264 平方千米。金佛山风景区融山、水、林、石、洞、泉于一体，气势雄伟，地形复杂，怪石嵯峨，洞穴深幽，山泉密布，佳木奇花遍野，令游客赏心悦目。山上珍稀动植物种类繁多，植物多达 5000 余种，其中银杉、古银杏、大叶茶、方竹、杜鹃王树属于国家一类保护植物，被誉为"金佛山五绝"。

● 仙女山国家森林公园

🏠 重庆市武隆区仙女镇　🚌 在重庆汽车站有直接到武隆县城的长途汽车，然后在武隆县转乘到仙女山风景区的汽车

　　仙女山因山上有一座山峰酷似翩翩起舞的仙女而得名。该公园总面积约 81.9 平方千米，平均海拔约 1900 米，最高峰海拔 2033 米，以南方独具魅力的高山草原、南国罕见的林海雪原、青山秀美的丛林碧野景观而被誉为"东方瑞士"。仙女山的草场面积约 67 平方千米，草绿如茵，牛羊成群，一派生机，有"南国第一牧场"之誉。主要景点有狮子岩、仙女石、林海、草场、奇峰、雪原等。

🌸 收获

　　这条自然系的线路能让你带着孩子在感受大自然神奇造物的同时，增长孩子们的见识，开阔他们的眼界，增加他们的自然知识储备。

第五天

● 巫峡

🏠 重庆市巫山县

巫峡是三峡中最为秀美的一个，它西起巫山县城东面的大宁河口，东至湖北省巴东县官渡口，长约40余千米。西段被称为金盔银甲峡，东段被称为铁棺峡。巫山12峰，并列在巫峡的南北两岸。神女峰下有一处景点是授书台，民间传说是神女授大禹书处，是巫峡最著名的景点。

● 小三峡

🏠 重庆市巫山县宁江路

小三峡是大宁河下游流经巫山境内的龙门峡、巴雾峡、滴翠峡的总称。这3段峡谷全长约50千米，有多姿多彩的峻岭奇峰，景色优美。滴翠峡长20千米，其秀丽之美为小三峡之首。滴翠峡里有许多野生猴群，最好选择早上进峡，当猴群下山喝水时最容易看见。与长江三峡一样，蓄水后，小三峡内的急流险滩全部消失了，以前"弯弯见滩"的小三峡成了"大湖套小湖"的百里平湖。

● 神女峰

🏠 重庆市巫山县

　　神女峰位于巫峡北岸，距巫山城10千米。巫山12峰中以神女峰最为纤丽奇俏。峰顶有一根挺秀的石柱，宛若少女亭亭玉立，被人们视为神女的化身。三峡蓄水后拉低了神女峰，却加速了神女溪的登台亮相。神女溪就在神女峰的对岸，其入江口是观赏神女峰的最佳位置。巫山12峰举世闻名，但以前游人看见的只有神女峰等9峰，沿着神女溪进去，就可以目睹一直藏在深闺中的另外3座山峰，即起云峰、净坛峰和上升峰。

🌱 收获

　　三峡大坝位于重庆市到湖北省宜昌市之间的长江干流上，第五天的行程只安排了三峡大坝中位于重庆市内的那一部分景点，如果这一天还有空余时间，还可以继续往湖北省宜昌段行进，全方位感受这人与自然完美结合的、可谓天人合一的人间美景。

🐷 重庆吃住行

📷 吃

🌼 特色美食

● 重庆火锅

重庆火锅最初为船夫和纤夫所创。现在重庆当地比较著名的火锅店有"德庄""秦妈""小天鹅"等，基本上都在南滨路的餐饮娱乐街上设有分店。

● 毛血旺

毛血旺的做法是以猪头肉、猪骨加豌豆熬成汤，加入猪肺叶、肥肠、猪血旺，放入老姜、花椒、料酒用小火煨制。所用的"血旺"不同于市场上卖的方块成型的"旺子"，而是由新鲜猪血快速凝固而成，比较粗糙，所以称为"毛血旺"。

● 辣子鸡

辣子鸡最初由歌乐山"林中乐"农家餐馆原创。做法是将现场宰杀的鲜活土鸡斩成小块，和红通通的辣椒与花椒粒混在一起干炒。吃的时候，几乎是在辣椒堆里找细小的鸡块，口味麻辣痛快，为重庆人所爱。

🔥 美食推荐

● 陶然居（解放碑店）

🏠 重庆市渝中区邹容路 143 号英利大厦 6～7 楼（近邹容广场）

☎ 023-63792488

该店以川菜为主，必点菜是辣子炒田螺，鲜、香、辣集于一身，使人欲罢不能。

● 曾老幺鱼庄（长滨路店）

🏠 重庆市渝中区长江滨江路 220 号附5 号

☎ 023-63924315

这是一家位于防空洞中的人气老店，冬暖夏凉。主打的是地道江湖菜。

● 齐齐火锅（解放碑店）

🏠 重庆市渝中区邹容路 151 号邹容广场 B 座 2～3 楼

☎ 023-63799369

这里有着创意巧思的九宫格火锅，价格便宜，味道好，一定要尝一尝。

● 陈建平老街陈麻花

🏠 重庆市沙坪坝区磁器口古镇正街 60 号

☎ 023-65476688

麻花可以试吃，有非常多的麻花口味，总是大排长龙，可提供打包邮寄的服务。

🛏 住

● 漫心观景酒店

🏠 重庆市沙坪坝区磁器口正街 2 号

☎ 023-65221009

　　该酒店位于磁器口古镇，东临嘉陵江，八成客房全江景视野，外加大露台，让您可以随时观景。

● 重庆邂逅时光普通公寓（长江分店）

🏠 重庆市渝中区长滨路 20 号海客瀛洲

☎ 4006061230-44328

　　这里有干净舒适的空间、亲切优良的服务，实现您在旅途中最完美的停留。

● 重庆南滨小院青年旅舍

🏠 重庆市南岸区南滨路 80 号

☎ 15223420732

　　该旅舍位于重庆市南滨路核心地段的东原 1891 时光道，该商业街汇聚了重庆的知名美食，更是川菜的天堂。旅舍距市中心解放碑仅需几分钟的车程，地段相当好。

🚗 行

重庆的交通工具多种多样，出游的话可以选择乘坐轨道交通、公交车、出租车、轮渡、索道等方式出行，甚至还可以选择乘坐电梯出行，但因为重庆特殊的地理环境，还是推荐乘坐轨道交通出行为宜，其地铁线路几乎覆盖了所有的热门景点。

● 地铁 1 号线

途经站：小什字、较场口、七星岗、两路口、鹅岭、大坪、石油路、歇台子、石桥铺、高庙村、马家岩、小龙坎、沙坪坝、杨公桥、烈士墓、磁器口、石井坡、双碑、赖家桥、微电园、陈家桥、大学城、尖顶坡。

● 地铁 2 号线

途经站：较场口、临江门、黄花园、大溪沟、曾家岩、牛角沱、李子坝、佛图关、大坪、袁家岗、谢家湾、杨家坪、动物园、大堰村、马王场、平安、大渡口、新山村、天堂堡、建桥、金家湾、刘家坝、白居寺、大江、鱼洞。

● 地铁 3 号线

途经站：鱼洞、金竹、鱼胡路、学堂湾、大山村、花溪、岔路口、九公里、麒龙、八公里、二塘、六公里、五公里、四公里、南坪、工贸、铜元局、两路口、牛角沱、华新街、观音桥、红旗河沟、嘉州路、郑家院子、唐家院子、狮子坪、重庆北站南广场、龙头寺、童家院子、金渝、金童路、鸳鸯、园博园、翠云、长福路、回兴、双龙、

碧津、江北机场 T2 航站楼、双凤桥、空港广场、高堡湖、观月路、莲花、举人坝。

● 地铁 5 号线

途经站：园博中心、丹鹤、湖霞街、重光、和睦路、人和、幸福广场、冉家坝、大龙山。

● 地铁 6 号线

途经站：茶园、邱家湾、长生桥、刘家坪、上新街、小什字、大剧院、江北城、五里店、红土地、黄泥塝、红旗河沟、花卉园、大龙山、冉家坝、光电园、大竹林、康庄、九曲河、礼嘉、金山寺、曹家湾、蔡家、向家岗、龙凤溪、状元碑、天生、北碚。

● 地铁 10 号线

途经站：鲤鱼池、红土地、龙头寺公园、重庆北站北广场、民心佳园、三亚湾、上湾路、环山公园、长河、江北机场 T3 航站楼、江北机场 T2 航站楼、渝北广场、鹿山、中央公园东、中央公园、中央公园西、悦来、王家庄。

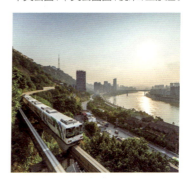

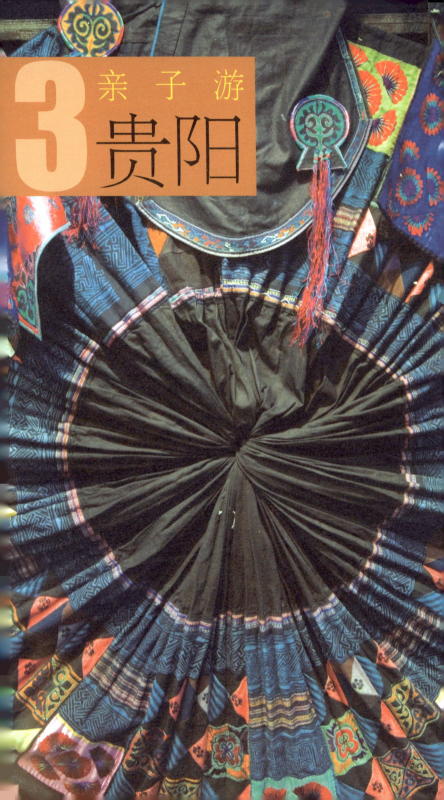

贵阳概况

因贵州喀斯特地貌的丰富性而在全省形成了大大小小的峡谷群和瀑布群，这些特殊的地理构造也成就了贵阳旅行中必不可少的经典去处。安顺的黄果树瀑布、兴义的马岭河大峡谷、黔南州的茂兰自然保护区和漳江自然保护区、赤水的丹霞地貌、贵阳市郊的南江大峡谷等，都散发着大自然鬼斧神工的魅力。如果夏天到这些地方旅游，漂流将会是一个不错的选择，这里很多峡谷公园或自然保护区都有激情漂流项目，让你体验一把旅途中的刺激和乐趣。

休闲游线路推荐

线路（预计需 3 天）

第一天：贵阳森林公园—贵阳大剧院—贵州省民族博物馆—贵州省博物馆—黔灵山公园—甲秀楼
第二天：花溪公园—青岩古镇—云顶草原—杉坪苗寨
第三天：南江大峡谷

贵州省博物馆　黔灵山公园　甲秀楼　D3
贵州省民族博物馆　南江大峡谷
贵阳大剧院　D1　贵阳森林公园
D2　花溪公园
青岩古镇
云顶草原
杉坪苗寨

第一天

● 贵阳森林公园

🏠 贵阳市南明区园林路 67 号　🚌 乘坐 603 路公交车可达　☎ 0851-85514343　💲 免费

贵阳森林公园山势绵亘、土地肥沃，延绵数十千米，总面积达 2.6 平方千米，其中森林覆盖面积占 90％。公园里还保存着许多崖刻碑石，沿途矗立石雕牌坊 20 余座，最著名的是旌表杨芳的"万里封侯"坊。由于公园中林木种类众多，而且成林日久，面积广袤，泉水潺潺，珍禽出没，蝉鸣鸟语，芳草馨香，因而享有"贵阳八景之一"的美称，居全国城市森林公园之首。

● 贵阳大剧院

🏠 贵阳市南明区市南巷 46 号 🚌 乘坐 8、9、26、42、67、82、310 路公交车至陈家坡站下车 ☎ 0851-85516918/88211755

　　在这里，你可以用最短的时间来了解贵州的少数民族，看一场《多彩贵州风》的精彩演出。贵阳大剧院是目前西南地区建设规模最大、档次最高的综合性多功能剧院，剧院的《多彩贵州风》演出包括了众多节目，有《壮美大瀑布》《水姑娘》《上刀山》《侗族大歌》《山歌传情》《金绣银饰》《踩鼓舞》《岜沙汉子》《飞向

苗乡侗寨》《爽爽的贵阳》《多情贵州》和《贵州恋歌》等。

● 贵州省民族博物馆

🏠 贵阳市南明区箭道街 23 号贵州民族文化宫 2~3 楼 ☎ 0851-85831874 ❗ 贵州省民族博物馆北边的朝阳桥边有条阳明路，是贵州的小吃、古玩、工艺品一条街，在阳明路尽头，还坐落着著名的佛教寺庙——黔明古寺

　　与贵州省博物馆相比，这里的民族风情介绍更加完整和细致，从民族的历史、生产与生活、建筑艺术、节庆和习俗、文化娱乐等方面展示出贵州这个多民族聚居地的丰富多彩，展出规模也比贵州省博物馆大许多。建议在游览贵阳之前，先来贵州省民族

博物馆参观一下，以便对贵州的民族风情有一个全面的了解。

● 贵州省博物馆

🏠 贵阳市观山湖区林城东路 107 号 🚌 乘坐 48、58、208、209、218、263、281 路公交车均可到达 🌐 www.gzmuseum.com

　　该博物馆是省级综合性博物馆，馆藏文物、标本已达 8 万件，分为上、下两层，二层为贵州历史、民族和文

物展厅，一层为贵州特色工艺品收藏和购买区。二层展厅对从贵州的古文明（夜郎遗址和土司制）到 17 个世

居少数民族的文化风俗等方面一一进行了展示，还有不少出土的古代文物及馆藏珍品，除刺绣、蜡染、挑花、织锦、银饰，典型藏品还有苗族婚姻记事符木、苗族刻绘动物图案酒角、苗族青缎镶花边饰银铃银坠女夹衣、彝文《六祖纪略》手抄本和水族墓葬石刻"铜鼓"等。

● 黔灵山公园

🏠 贵阳市云岩区枣山路 187 号 🚌 乘坐 1、2、10 路环线以及 12、13、16、22、23、33、41、53、72、77、209、217、225、226、227、228、232、235、238、248、311、314、316、320 路公交车均可到达 ☎ 0851-86823039 💰 门票 5 元，弘福寺 2 元，动物园 5 元

　　黔灵山公园位于贵阳市西北角，因黔灵山而得名。园内古树参天，泉清石奇，集贵州高原之灵气于一身，号称"黔南第一山"。黔灵山公园是一个综合性游览公园，山上生长着1500 余种树木、花卉和 1000 余种中草药，成群的猕猴和鸟类在此栖息。

● 甲秀楼

🏠 贵阳市南明区翠微巷 8 号 🚌 乘坐 15、34、52、305、307 路公交车均可直接到达甲秀楼 💰 免费

　　甲秀楼始建于明朝，后楼毁重建，改名来凤阁。甲秀楼包括 3 个部分，第一部分为浮玉桥，第二部分为甲秀楼主体建筑，第三部分为翠微园。浮玉桥头立有"城南遗迹"石木牌坊，牌坊中央有"城南遗迹"4 个大字。夜晚的甲秀楼景致很美，是贵阳城中夜景的代表，尤其是烟雨朦胧中的甲秀楼，很有江南古韵。

🔥 收获

　　贵州省民族博物馆是一个了解贵州少数民族的窗口，而黔灵山公园则是一个城市级别的生态公园。傍晚去甲秀楼最合适，伫立在南明河畔的甲秀楼上，夜晚灯火阑珊，很好看。

第二天

● 花溪公园

🏠 贵阳市花溪区花溪大道南段 3108 号 🚌 乘坐 11、12、201、202、206、402、888 路公交车或者花溪 1 路、花溪 2 路、花溪 13 路均可到达 💴 6 元

花溪公园是贵州著名的旅游胜地，它融真山真水、田园景色、民族风情于一体，是贵州三颗"高原明珠"之一。花溪公园地处亚热带，海拔 1100 多米，气候温凉，夏无酷暑，冬无严寒，是公认的旅游度假胜地。花溪公园周边还有十里河滩、天河潭、高坡民族风情和自然风光、青岩古镇、黔陶幽境等 8 个景区。公园里山岭玲珑小巧，错落有致；溪水纯净澄碧，曲折善变；花木繁茂葱茏，秀拔多姿；桥榭亭阁，各具特色，以少胜多，是贵阳必游地之一。

● 青岩古镇

🏠 贵阳市花溪区交通路 240 号 🚌 乘坐 203、210 路公交车可达 ☎ 0851-83200400

青岩古镇是贵州四大古镇之一，距今已有 600 多年的历史了，格局风貌保存完好，明、清古风犹存。4 个城门气宇轩昂，处处都是青石板的路面和石墙，难怪这里叫作青岩。古城周围遍布农田，人们的生活安逸闲适。

● 云顶草原

🏠 贵阳市东南端花溪区高坡乡 🚌 可在花溪汽车站乘坐中巴车前往，人多时还可以打面的前往

该草原位于贵阳市花溪区的高坡乡，占地面积约 1.3 平方千米，距离花溪 32 千米，是一个以苗族为主的少数民族聚居地，海拔 1612 多米，是贵阳市海拔较高的区域之一。云顶草原气候独特，南北走向的山脉在云顶形成了一个颇具草原特色的开阔地带，与周边山脉相对脱离，形成了一处独立的、具有特定风情的高山平台草原。在这里还能欣赏到高坡乡著名

的千亩梯田，很多贵州的宣传画上都会出现这里的梯田美景。云雾天可以站在云顶草原的最高处，感受云在脚下浮动，只有身临其境，才能体会什么叫缥缈和旷远。

● 杉坪苗寨

🏠 **贵阳市花溪区杉坪村（081 县道东）**

杉坪苗寨里有摆弓岩、悬棺、瀑布、洞葬、古墓、摩崖石刻、跳圆洞、跳花场等 10 余处景点和人文景观。村寨四周青山环抱，绿树成荫，中秋时节，稻谷飘香，金黄色的田野把苗寨映衬得格外美丽。红岩大峡谷谷峰相对高差约 450 米，河谷长度约 9 千米，基本上是东西走向，包括大龙潭和小龙潭。据说大龙潭的水很深，没有人探到过底。这里是河谷中最窄的地方，两岸绝壁高耸，几乎无路可走。峡谷中有大面积的红枫林，是贵阳境内最美的一片枫林，每年 12 月的中旬，红岩峡谷的枫叶就会红透，非常迷人。

🔺 收获

花溪公园是贵阳近郊的必游地之一，它是山水田园和民族风情的融合体，精致灵巧。从花溪公园出来，可以去附近的青岩古镇参观，这座古镇有着 600 多年的历史。

第三天

● 南江大峡谷

🏠 贵阳市开阳县南江乡龙广村　🚌 在延安西路的贵阳老客车站有发往南江的客车，在花果园 R1 区旅游集散中心也有到南江的直通车

之所以将南江大峡谷列为贵阳的必游景点，是因为它被冠以了众多美名，譬如"中国最佳绿色生态景区""2018 年贵州十大魅力旅游景区""喀斯特生态博物馆"等。它集奇峰、峡谷、峭壁、断崖、瀑布、跌水、钙华、溪泉、巨石、喀斯特森林于一峡，纳奇、险、雄、秀、野、幽、奥为一体，风光旖旎，景象万千。景区内有亚洲最大的钙华瀑布——金钟瀑布、全国最长的悬空木质栈道——飞龙栈道、贵州最大的野生鸳鸯群落——鸳鸯湖，同时因为其南江河水动静皆有，是个非常理想的漂流之地，因此又被称为贵州最美丽的漂流。每年的 6 月，南江大峡谷景区会有一年一度的南江枇杷节，漫山的枇杷，蔚为壮观。

🔥 收获

这里是离贵阳最近的城市峡谷公园，在这里能看到贵州喀斯特地貌的奇观——钙华瀑布，在这里还能体验漂流活动，让你度过快乐的亲水时光。

😊 贵阳吃住行

🍴 吃

🌸 特色美食

● 糟辣脆皮鱼

贵州的糟辣椒是黔味菜肴中一味重要的调味品，糟辣脆皮鱼选用贵州独有的糟辣椒作为主要调料精制而成，清香脆嫩，其味鲜咸，经久不易变味，能促进食欲，颇具地方风味。

● 鱿鱼炖土鸡

这是贵阳地区很受欢迎的一道火锅，清炖不辣，在饮食风格"不辣不欢"的贵州，能有如此大名，确实非同一般。

● 花溪牛肉粉

这道菜在贵州乃至全国各地都有很高的知名度。用高汤熬制的牛肉做臊子，配上贵州米粉，吃了米粉后再喝一口鲜香浓郁的牛肉汤，美味十足。

🛏 住

● 背包客（喷水池店）

🏠 贵阳市云岩区延安东路喷水池四川巷26号

☎ 0851-86867911

该旅舍房间干净、舒适，位于繁华的中心地段，公交车多，交通非常便利。

● 时尚假日酒店式公寓

🏠 贵阳市云岩区延安西路延安巷34号

☎ 0851-86503004

该公寓设备齐全，服务良好，价格实惠。

● 金芦笙小镇精品特色酒店

🏠 贵阳市南明区宝山南路88号

☎ 0851-85274616

该酒店邻近甲秀楼、星力购物广场，地理位置优越，出行便捷。

🚗 行

贵阳目前仅有一条轨道交通线路在运行，所以在市区内游览时，还是得以公交车为主。贵阳的公交车四通八达，可以通达很多旅游景点，并且贵阳公交车的发车频次比较密集，有些线路甚至本身就是一条旅游风景线。

● 地铁 1 号线

途经站：下麦西站、老湾塘站、阅山湖公园站、林城西路站、观山湖公园站、国际生态会议中心站、阳关站、新寨站、白鹭湖站、贵阳北站。

● 公交 1 路环行

途经站：火车站、展览馆、新路口、邮电大楼、大十字、喷水池、云岩广场、六广门、博物馆、北京西路口、黔灵山公园、枣山路、延安西路、紫林庵、次南门（北）、次南门、河滨公园、新路口、展览馆、火车站。

● 公交 11 路

途经站：兴隆珠江湾畔、珠江路、长江路（中）、长江路、长江路（西）、新村、四方河、药用植物园、沙冲南路、三五三五厂、省骨科医院、沙冲中路、大理石路口、火车站批发市场、沙冲路口、兴关路、箭道街路口、新路口、河滨公园、次南门、大西门、大十字、喷水池、旭东路口、阳明祠、东山公园、扶风路、贵阳实验三中、优山美诗。

● 公交 18 路

途经站：丽景阳天、小石城二期、小石城、春雷水库、沙河花园、鹿冲关路、大营路、贵阳医科大学、沙河街、红边门、友谊路、文昌北路、莲花坡、东门、大南门、纪念塔、箭道街路口、新路口、展览馆、火车站。

● 公交48路

途经站：碧海商业广场、碧水云天、新瑞商业中心、黎阳家园、八匹马（北）、绿色未来（南）、市行政中心、西南美食广场、国际会议中心（北）、国际会议中心、国际会议中心（东）、金阳远大、阳关小区、贵阳高新区管委、长岭南路（中）、老阳关、保利云山、招呼站、黔灵村、小关花卉市场、扁井、市北路、六广门、云岩广场、喷水池、钻石广场、省委、观水路、油榨街。

● 公交201路

途经站：洛平公交枢纽、贵安政务中心、花溪平桥、溪北路、花溪、贵州大学、民族大学、孔学堂、大水沟、十里河滩（北）、中曹司、花溪大道南段、复烤厂、花果园大街、花溪大道中段、甘荫塘、通银配件城、电建一公司、凤凰翠堤、新发装饰市场、花果园大街、花果园湿地公园。

● 公交210路

途经站：花果园湿地公园、花果园大街、遵义中路（中）、遵义中路、延安南路北、延安南路中、甲秀南路（北）、下坎隧道、下坎村、甲秀路（中）、电线厂宿舍区、竹林村、招呼站、养牛村、吉林村、花溪平桥、贵安行政中心、洛平公交枢纽、明珠大道、花溪行政中心、田园中路、田园南路北、板桥艺术村、下板桥、石头寨、北部环线路口、青岩堡、大兴国寺、龙井村、青岩。

4

🌸 西宁概况

　　没有到过西宁的人或许以为西宁是一个飞沙走石、地广人稀的蛮荒之地，可是一旦踏上西宁的土地，这样的误解便会烟消云散。西宁市位于河湟谷地，这个区域群山环绕，海拔相对较低，独特的马蹄形地形和温和的气候环境使得这里在历史上一直是青海最发达，也是人口最为密集的地区。清朝西宁道佥事杨应琚曾赋诗曰"漠漠皆良田""溪外一片沙鸥白，麦中几片菜花黄"，描绘的正是河湟谷地美沃的自然环境。也正是因为有了这样丰沃与荒芜相融合的美景，才使他产生了"何妨湟水做桐乡"的终老于此的愿望。

🌊 休闲游线路推荐

线路（预计需3天）

第一天： 马步芳公馆—西宁市东关清真大寺—南山公园、凤凰台、南禅寺—青海省博物馆—西宁南凉虎台遗址公园—北禅寺

第二天： 塔尔寺—丹噶尔城—日月山（文成公主像）

第三天： 老爷山—察汗河森林公园

第一天

● 马步芳公馆

🏠 西宁市城东区为民巷13号　🚌 乘坐5、9、31、62、83、106路公交车均可到达　🕐 11月1日—次年4月30日8:30—18:30，5月1日—10月31日8:00—19:00　💰 30元　❗ 在公馆内还有一家青年旅舍，游客可以住在这里，感受一下老西宁的民国氛围

　　马步芳公馆是西北军阀马步芳的官邸，是青海省保存最为完整的民国时期建筑，也是全国唯一一座选用玉石建造的官邸。公馆保留下来的院落占地近3万平方米，建筑面积6800余平方米，共有房屋298间，由前院、中院、南院、西一号院、西二号院、西三号院以及后花园7个独立而又相互联系的院落组成，各院和重要厅宅都有暗道相通。院落设计精巧，建筑古朴典雅。

● 西宁市东关清真大寺

🏠 西宁市东关大街 31 号 🚍 乘坐 1、2、10、14、17、22、23、25、26、33、62、81、83、101、102、103 路公交车均可到达

　　西宁市东关清真大寺坐落在西宁市东关区，始建于明洪武年间，与西安清真寺、兰州桥门清真寺和新疆喀什的艾提尕尔清真寺并称为西北四大清真寺。

　　西宁市东关清真大寺正中是一座大殿，可以同时容纳 3000 多人进行礼拜，面积约 1102 平方米。大殿结构严谨，外形宏伟壮观，内部清静素雅。大殿南北两侧是 2 座 2 层的厢楼，为歇山式建筑。大殿和厢楼毗邻，浑然一体，十分协调。这 3 座建筑是该寺的主体，也是寺内的精华所在。

● 南山公园、凤凰台、南禅寺

🏠 西宁市城中区凤凰山路 211 号 🚍 乘坐 16、17、18、19、21、24、31、38、71、82、103、105 路公交车均可到达

　　西宁南山又叫凤凰山，海拔 2419 米，山上有亭，名叫凤凰亭，亭上有一横额，上书"河湟引凤"。南山公园位于凤凰山上，以青海云杉、祁连圆柏、油松、青杨、榆树为主，形成人工森林景观，盛夏季节这里郁郁葱葱。

　　南山公园西北部有一个小山包，上有平台，人称凤凰台，相传有对金凤凰曾在此飞落。现凤凰台上建有凤凰亭，登亭鸟瞰高原古城，西宁全景尽收眼底。

　　南禅寺又名南山寺，是南山公园附近的一处人文景观，位于凤凰山北麓。这个以关帝庙为中心的建筑群，始建于明永乐八年（1410 年），历史悠久，建筑古香古色，是目前西宁市保存较为完整的古建筑群之一，也是本地及周边地区汉传佛教信徒（净土宗派）开展宗教活动的重要场所。

● 青海省博物馆

🏠 西宁市城西区西关大街 58 号 🚌 乘坐 2、9、12、13、18、22、25、31、35、40、85、108 路公交车均可到达 ☎ 0971-6118691 🕐 夏季 9:00—16:30，冬季 9:30—16:00，星期一闭馆 💰 免费 🌐 www.qhmuseum.cn

青海省博物馆旧馆位于西宁市城东区为民巷 41 号，由原青海地方军阀马步芳的私人宅邸"馨庐"改建而成。2001 年，青海省博物馆新馆正式对外开放。博物馆馆藏文物中有不少珍品是举世瞩目的宝贝。馆内藏有石器、陶器、木器、瓷器、丝帛、字画、金银器、铜印、波斯银币、佛经等各类文物。

● 西宁南凉虎台遗址公园

🏠 西宁市西关大街（虎台中学站附近） 🚌 乘坐 2、22、24、29、30、35、38、41、42、72、102 路公交车均可到达

已经有 1600 多年历史的虎台，至今依然浑厚、淳朴、稳重，它形如覆斗，台高 30 米，周长 360 米，是东晋隆安元年（397 年）南凉国建都西平（今西宁）时期，第三代君主为太子"虎"所修建的阅兵台，当地人称之为将台或者点将台。传说南凉王曾在台下陈兵 10 万，以炫耀武力。

● 北禅寺

🏠 西宁市祁连路西 38 号（近湟水北土楼山峭崖） 🚌 乘坐 10、11、19、21、66、107 路公交车均可到达 🕐 8:00—18:00 💰 免费

北禅寺俗称北山寺。北山陡峭的山坡上布满了人工陆开凿的洞窟，素有"九窟十八洞"之称。红崖间殿宇高悬，内有壁画及历代佛道诸神像。寺内有栈道、小桥、游廊连接着著名的"九窟十八洞"，远远望去，似一座长廊悬空在半山腰中，颇有山西悬空寺的风格，因此有"中国第二大悬空寺"之称。

北禅寺早先为佛教寺庙，在道教盛行的年代里又改宗于道。初建于北魏明帝时期，距今已有 1000 多年的历史。寺内留存有魏晋时期的藻井图案、佛教艺术壁画，以及各种佛尊神像等。

🌀 收获

　　丝绸之路和唐蕃古道交会于此，三江源、青海湖等著名景点，还有众多的森林公园和自然保护区位于此处，多种人文和自然景观交相辉映，散发出迷人的光彩。在这里生活着许多民族，因此民族风情也成为这里的一大特色。今天游览的景点多位于市区，景点之间的距离较短，基本上乘坐公交车或者打车就可以到达。

■ 第二天

● 塔尔寺

📍西宁市湟中县金塔路 56 号 🚌 在西宁火车站乘坐塔尔寺公交专线可达，票价 5 元 / 人；在新宁路汽车站乘坐从西宁到塔尔寺的公交专线可达，5.5 元 / 人；在西宁市管理站公交车站的马路对面乘坐出租车可达，15~20 元 / 人，4 人发车 🕐 8:00—18:00 💰 80 元 🌐 www.kumbum.org ❗ 酥油花是塔尔寺的艺术"四绝"之一。所谓酥油花就是用酥油捏成的佛像、人物、花卉、亭台楼阁、动物等。每年农历正月十五灯节时，艺僧将精心制作的酥油花在寺内展出，成为一年一度的寺内盛会

　　塔尔寺始建于明洪武十年（1377年），距今已有 600 多年的历史，占地面积 45 万平方米，寺的规模宏大，僧人众多。寺院坐落在莲花山中，众山环绕，殿宇宏伟，佛像庄严，梵塔棋布，殿堂依山势起伏，由大金瓦寺、小金瓦寺、花寺、大经堂、大厨房、九间殿、大拉浪、如意宝塔、太平塔、菩提塔、过门塔等大小建筑组成完整的藏汉结合的建筑群。整座寺不仅造型独特，富于创造性，而且细部装饰也达到了极高的艺术水平，藏汉建筑艺术的结合也非常巧妙，协调统一。

● 丹噶尔城

🏠 西宁市湟源县丹噶尔城　🚌 从西宁到湟源每日 7:00—18:30 有班车　💰 80 元

　　丹噶尔城自古是中原通往西部的交通重镇，也是唐蕃古道与丝绸之路的要道，素有"海藏咽喉""小北京"等美称，在古代地处汉地西面最边缘的地区，特殊的地理位置使它自古以来就是汉藏通商的"口岸"，也是著名的"茶马互市"故地。

　　如今，青藏铁路、109、315 国道及西湟一级公路贯穿全境，交通十分便利，成为通向世界第三极青藏高原的平台和青藏旅游线上的"第一站"。

● 日月山（文成公主像）

🏠 西宁市湟源县西南 40 千米处　🚌 去青海湖或者青海湖以西的车辆都能经过日月山，可包车前往　🕐 8:00—17:00　💰 40 元

　　日月山坐落在青海省湟源县西南 40 千米处，平均海拔 4000 米左右，属祁连山脉，古时为中原通向西南地区和西域等地的要道，也是青海省内、外流域水系的分水岭和农、牧区的天然分界线。文成公主经日月山赴吐蕃和亲形成的唐蕃古道，则一直是宋、元各代甘青地区通往川藏一带的必经之路，日月山因此有"西海屏风""草原门户"之称。

　　青藏公路通过日月山口的海拔为 3520 米，在山垭口两侧矗立着日亭和月亭。日亭和月亭的建筑风格是仿照"热贡艺术"的壁画风格创作的，装饰画以文成公主和松赞干布以及唐蕃联姻为主题。

🌀 收获

　　今天我们游览了著名的塔尔寺，参观了"海藏咽喉"丹噶尔城，攀登了"西海屏风"日月山，不仅领略了秀丽的风光，而且还了解了一些与丝绸之路相关的重要历史信息。

第三天

● 老爷山

🏠 西宁市大通县桥头镇　🚌 在西宁汽车站有班车，每日首班 7:05 发车，末班 19:05 发车

❗ 老爷山每年农历六月初六会举办盛大的"六月六"朝山会、花儿会，闻名全国

　　老爷山又名元朔山，是西宁附近一座山势雄伟、风景优美的山峰，西宁古八景之"奇峰突兀"即在老爷山。老爷山海拔 2928 米，相对高度为 480 多米，山上大雄宝殿、老爷山大殿、仿古山门、玉皇阁、观音洞、半壁亭等景点错落有致。老爷山之美，主要在于山清水秀，林荫花香，春夏之际景色更加迷人。

● 察汗河森林公园

🏠 西宁市大通县西北部大坂山南麓宝库林区内　🚌 乘坐旅游公交线路西宁—牛场（寺堂）、大通—牛场（寺堂）可达　☎ 0971-2846000　💴 50 元

　　察汗河森林公园坐落在群峰林立、巍峨挺拔的大坂山南麓宝库林区之中，这里气候温凉湿润，夏季年平均温度在 12℃ 左右，是理想的避暑胜地，以及人们回归自然的绝妙去处。奇峰、瀑布、杜鹃和圆柏是这里的"四绝"奇景。

🏔 收获

　　带孩子来到旅游资源丰富的青海，不仅能让他们接触到不同的历史文化、文物、建筑、风土民情，而且也能让他们接触到最原始的大自然。

🐾 西宁吃住行

🍎 吃

❀ 特色美食

● 肋巴

这是一种先把羊排骨煮到半熟，然后刷上酱在炭上烧烤的风味肉串。

● 酿皮

酿皮是青海地方风味浓郁的传统小吃，吃起来辛辣、凉爽、柔韧，回味悠长。西宁酿皮是用麦面为原料，加入一定量的碱面，用温水调成硬性的面团，多加揉搓，再放入凉水中搓洗，洗去淀粉，直到面团成蜂窝状时为止。此面团即面筋，剩的面糊经水沉淀后，铺入蒸笼中蒸熟，即为酿皮。将酿皮切成条状，配上面筋，再加上调料，即可食用。

🔥 美食推荐

● 清真益鑫羊肉手抓馆（花园北街店）
🏠 西宁市城东区湟光花园北街白玉巷5号
📞 0971-8179336

该馆的特色菜是手抓羊肉，没有腥味的新鲜羊肉，非常美味，常常是大排长龙。

● 德禄酸奶（义乌商城店）
🏠 西宁市城东区东关大街1号义乌商城门口
📞 18935516555

酸奶是西宁颇具当地特色的美食之一，固状的德禄酸奶味道酸甜不腻，留在口中的香气久久不散。

● 沙力海美食城（北大街店）
🏠 西宁市城中区北大街4号
📞 0971-8234444

这里拥有口味最地道、品种最齐全的西宁美食。

● 雅君靖远羊羔肉（七一路店）
🏠 西宁市城东区七一路201号
📞 0971-8170899

这里的羔羊肉料理非常好吃，用餐环境也极为优良。

🛏 住

● 7天连锁酒店（西宁大什字店）
🏠 西宁市城中区南大街17号
📞 0971-6277726

这家酒店位于西宁市中心，交通便利，是旅游、休闲、娱乐的最佳休息场所。

● 国际青年旅舍（桑珠店）
🏠 西宁市城东区互助中路94号
📞 0971-8086677

这里的装修是藏式风格，别有一番风味。有多种房型可选，是到青藏线旅游时的极佳住所。

🚗 行

西宁目前没有轨道交通线路运行，主要的通行方式还是依靠公交车，其线路覆盖了大部分景点。

● **旅游观光专线**

途经站：火车站、青藏铁路公司、东梢门、市第三中学、南山公园路口、南山寺、新华巷口、西山一巷、植物园、虎台中学、殷家庄、文化公园、人民公园、新宁广场北、中心广场北、市第十三中学、火车站。

● **公交 1 路**

途经站：火车站、火车站广场西、青藏铁路公司、西宁大厦、东梢门、北小街口、湟光、大十字、西门、中心广场北、五岔路口、同仁路口、西宁浴池、交通巷北口、小桥、小桥北站、宁张路、北杏园、幸福城小区、天峻桥西、新世纪花园、城北国际村、陶园小学、纬三路东口、生物园区路口、生物园小区、新乐花园、经二路北、青海明胶、刘家沟桥。

● **公交 2 路**

途经站：省广电局、虎台中学、虎台、植物园、市第十二中学、西山一巷、昆仑十字、古城台、纸坊街、麒麟湾、西门、大十字、湟光、北小

街口、东梢门、西宁大厦、杨家巷、德令哈路口、康乐、曹家寨、曹家寨东、博雅路北口、青海民族大学、虹桥大厦、十里铺、十里铺东、十里铺小学、陆军第四医院、上乐家湾、下乐家湾、团结桥。

● **公交 14 路**

途经站：野生动物园、海湖路南、五四西路西口、海湖桥南、文化公园、海晏路西、市环保局、海晏路中、东大医院、交通巷北口、西宁浴池、兴海路西口、兴胜巷北口、中华巷北口、省党校、三角花园、北大街、大十字、湟光、北小街口、东梢门、西宁大厦、建国南路、建国南路中、新千国际广场。

● **公交 38 路**

途经站：桃李路（桃李小学）、湟川中学、体育中心、文景街西口、文景街中、文苑路中、北城 7 区、海湖中学、五四二桥西、五四西路西口、师范大学、省邮政大楼、冷湖路、省广电局、虎台中学、虎台、新宁广场南、力盟商业巷、古城台、昆仑十字、新华巷口、南山路西口、南山寺、南山路西、南山公园路口、南滩东、南山路中、南山路东、共和路南口。

第六章
访古城一定要去的
4个地方

1

亲 子 游

平遥古城

🌸 古城概况

　　平遥是中国著名的古县城之一，自 1997 年成为世界文化遗产以来，其知名度一直很高。当年的世界遗产委员会是这样评价平遥的："平遥古城是中国境内保存最为完整的一座古代县城，是中国汉民族城市在明清时期的杰出范例，在中国历史的发展中，为人们展示了一幅非同寻常的文化、社会、经济及宗教发展的完整画卷。"

🏛 访古城线路推荐

线路（预计需 3 天）

第一天： 平遥城墙—明清街—市楼—平遥县衙—文庙—城隍庙—清虚观

第二天： 文涛坊古兵器展览馆—中国票号博物馆（日升昌记）—蔚泰厚博物馆—中国商会博物馆——平遥漆器艺术博览馆（永隆号）—中国钱庄博物馆（协同庆）

第三天： 镇国寺—慈相寺—金庄文庙—清凉寺

第一天

● 平遥城墙

🏠 平遥县照壁南街 58 号平遥古城内

平遥城墙原为夯土墙，明时扩建为砖石城墙，周长 6000 多米，明、清两朝对其进行过补修，基本维持了明初的形制和构造。城墙历经 600 余年的风雨沧桑，至今雄风犹存。城墙略呈方形，东西北 3 面都是直线，只有南面随中都河而建。城墙高约 12 米，外表全部为砖砌，墙上筑垛口，有凸出马面利于防守。城墙外有护城河，宽度和深度均为 4 米。城墙上有 6 座城门，东西各 2 座，南北各 1 座，南为迎薰门，北为拱极门，上东为太和门，下东为亲翰门，上西为永定门，下西为凤仪门。东西城门外筑瓮城。东南城墙上有座魁星楼，呈八角形，高 24 米，琉璃瓦覆顶，精巧挺拔。城墙共有 3000 多个垛口、72 座敌楼，

据说象征着孔子 3000 弟子及 72 贤人。民间又称平遥城为龟城，因其方形城墙形如龟状，南门为龟首，北门地势最低为龟尾，东西 4 座城门为四肢，城内 4 大街、8 小街、72 条胡同构成龟甲上的图案。古城内的街巷结构保持了原状，普通民居也和几十年前一样，变化不大。古城墙是现在平遥人心目中古城的重要组成要素，登上古城墙俯瞰平遥城内的传统建筑群，是游人初到平遥的首选游览项目。

● 明清街

🏠 平遥县平遥古城内

明清街是平遥南大街的俗称，全长 750 多米，宽 5 米，自古以来就是平遥县城最繁华的商业中心。街道两侧的店铺保持了明、清建筑风格。这一带的街道交叉形成"干"字形，由东大街、西大街、南大街、城隍庙街、衙门街等组成，街道窄小、人流量大、商业发达。票号、客栈等各类商铺鳞次栉比。据统计，

这里曾有 78 处老店铺，包括票号、钱庄、当铺、药铺、肉铺、烟店、杂货铺、绸缎庄等。当初，纷纷在此设立总号的晋商有百川通、协同庆、蔚盛长、蔚长厚等。除此之外，云锦成中药铺、奎成裕、永泰成绸缎庄等都是旧时的著名字号。现在，明清街上游人如织，市井气息浓郁，是游人必去之地。

● 市楼

🏠 **平遥县平遥古城内** 💰 **登楼费 5 元**

市楼地处明清街中心，是平遥古城内的标志性建筑。据说因楼侧有井，故又称金井楼。

市楼最初的建造年代已不可考，清朝中晚期以来曾历经数次修葺。最近一次修葺是 20 世纪 90 年代。2013 年，市楼进入全国第 7 批重点文物保护单位名录。市楼为三重檐歇山顶，高 18.5 米，覆黄绿琉璃瓦。楼底横竖都是 3 间，平面呈方形，中间南北向是通道，东西两边为砖砌台基，四角立通柱，外包砖墙，楼下四周有木栅栏围护。二三层收窄，二层平座上出廊，可以登临。前后有隔扇门，内设神龛，武圣关帝像与观音大士像背对背而坐。楼顶屋面的彩色琉璃瓦镶成"囍""寿"图案。市楼跨南大街高耸于大片民居之中，占据南大街上的核心位置，登上市楼眺望全城，风光正好，是清朝时期的平遥八景之一。清朝诗人赵谦德曾赞颂市楼风景曰："揽山秀于东南，挹清流于西北，仰视烟云之变幻，俯临城市之繁华。"

● 平遥县衙

🏠 平遥县衙门街 77 号

　　平遥县衙位于古城西南部衙门街中段路北，是一座保存较为完整的清朝县衙，始建于北魏。县衙坐北朝南，呈轴对称布局，南北轴线长 200 多米，东西宽 100 多米，占地面积 26000 余平方米，现作为县衙博物馆对外开放。

　　县衙中轴线上有六进院落，从南往北依次是大门、仪门、大堂、二堂、三堂和大仙楼，房屋 200 余间，现在基本按照原样恢复。大堂是知县处理公务的主要场所，也称官阁，阁上悬有"明镜高悬"匾额。二堂是知县日常办公的场所，一般的民事案件在此审理。和当时的中央政府部门对应，县衙的办事机构里也有六部。大仙楼左右厢房是县六部吏、户、礼、兵、刑、工的办公房。县衙内还有土地祠、监牢、马王庙、十王庙等。明、清两朝有 149 任知县在此为官。

　　县衙内的主要建筑物上均贴有楹联，从楹联的内容上我们可以了解到古代的政治生态和官民关系。这里每天的 10:00、11:30、15:30，县衙内会有 3 次"县太爷升堂审案"的表演。

● 文庙

🏠 平遥县城隍庙街 67 号

文庙即孔庙。平遥文庙由 3 座建筑组合而成。大成殿的始建年代不详，重建于金大定三年（1163 年）。各地现存的文庙很多，但早期实物较少，平遥文庙大成殿是现存最早的文庙建筑。中轴线上为文庙，左为东学，右为西学。庙前有 3 座牌坊。庙内四进院落，中轴线上依次为棂星门、大成门、大成殿、明伦堂、敬一亭等主体建筑。大成殿为金代建筑，其余则为明、清建筑。大成殿殿宇高大，气势雄伟，单檐歇山顶，面阔 5 间，平面似方形。大成殿建在高 1 米的砖砌台基上，前有宽广的月台，周围有石栏，梁枋断面高宽比大多为 3：2，基本采用宋金时期的做法。中央藻井处为小型斗拱叠架，形制规整，工艺精巧。大成殿的平面布局、用柱方法、斗拱梁架结构及歇山出际形式等反映出古建筑的高超水准，具有很高的历史、艺术和科学价值。大殿正脊两端 2 米多高的琉璃鸱尾造型华丽，光彩夺目。

● 城隍庙

⌂ 平遥县城隍庙街 51 号

平遥城隍庙位于平遥古城东南部，始建于明初，以南大街为轴，与平遥县衙东西对称。平遥城隍庙以城隍正殿为中心，包括六曹府、土地堂、灶君庙、财神庙（附真武楼）4 个部分，是城隍庙"庙中庙"特点的体现。由山门进入后，过前院，灶君庙和财神庙分置在城隍殿的东西两侧，左右互通，庙宇相连，组合成"诸神共居一庙，联袂同受香火"的景致。城隍庙建筑规模大，保存较好。儒教、道教、民俗文化在这里融为一体，既体现在泥塑、壁画中，也体现在建筑式样、木刻砖雕等方面。古戏台、神龛木雕、壁画《城隍出巡图》等都有很多细节值得欣赏。

● 清虚观

⌂ 平遥县东大街 109 号

位于东大街北侧的清虚观是平遥古城内最大的道教活动场所，始建于唐显庆二年（657 年），原名太平观，后经历代修缮，在清朝时改称清虚观。在清虚观的中轴线上依次矗立着龙虎殿、献殿、三清殿等重要建筑，与东西配殿组成三进院落。龙虎殿采用歇山顶，元代风格，面阔 5 间，进深 4 椽，颇有气势。前檐下青龙、白虎二神像高有 5 米，神态逼真，勇猛异常，仿佛两位生龙活虎的武士站在人们面前。三清殿面阔 5 间，进深 9 椽，单檐歇山顶，明万历年间曾重修。清虚观的殿堂配置体现了道教全真派的思想体系。曾有丘处机的亲传弟子尹志平（道号"清和子"）一度在清虚观内传道。观内现存元朝以来彩绘泥塑 8 尊，有宋、元、明、清碑碣几十通。观内附属文物众多，尤以碑刻、石雕最为珍贵，如宣谕碑、文告碑、记事碑、符箓碑、画像碑等，种类繁多，内容丰富。如在三清殿内的透灵神碑，又称蒙汉碑，正背两面都刻有文字，正面用八思巴文记录了成吉思汗的伟绩，背面则是用汉字楷书书写的译文。石碑表面光滑透亮，人们触摸后感觉似有灵气，所以又称其为透灵碑。

1998 年，清虚观被辟为平遥县综合博物馆，收藏了从平遥各地收集来的众多文物，展品丰富，其中有唐宋铸铁佛像、明朝道教木刻神像以及石屏、造像碑等。清末以来，平遥流行的纱阁戏人在这里也有收藏。清光绪三十二年（1906 年），平遥城内六合斋纸扎店的著名艺人许立廷（许老三）制作了 36 阁纱阁戏人，专门用于春节、元宵节期间举办"社火"活动时在市楼内展出，或在民间丧事活动中在灵前摆放。

据记载，这组戏人每阁工价两千文，阁高 70 厘米，戏人高 50 厘米左右，形体优美，眉目传神，装饰逼真，栩栩如生，具有较高的文化品位，堪称平遥纱阁戏人的代表之作。纱阁戏人阁内横额上题有剧名，有的将剧名刻在木阁底板上。保留下来的 28 阁真品被安置在博物馆内。

清虚观距喧嚣的明清街有段距离，位置稍偏，游人较少。在这里，孩子们既能品味古建的恢宏大气，又能静静地在文物珍品的欣赏中加强对传统文化的认识和热爱。

收获

平遥古城始建于西周宣王时期，迄今已有 2800 多年的历史。现存的高大城墙建于明洪武三年（1370 年），是山西现存的历史较早、规模最大的古代城墙。古城内基本上还是明初以来形成的建筑格局，孩子们来到这里可以看到以县衙、文庙、城隍庙、清虚观为代表的古代行政机构和宗教场所；以明清街上各商业场所为代表的清朝以来的晋商建筑；以"四大街、八小街、七十二条蚰蜒巷"为骨架的街巷分布肌理，让这些书本上记载的内容，成为眼前真实的场景。

第二天

● 文涛坊古兵器展览馆

🏠 平遥县平遥古城西大街 212 号　☎ 0354-5680333 或 15235459570　🌐 www.wtfdj.com

这是古城内一家公益性的民营博物馆，位于平遥古城西大街，占地面积 2000 多平方米，设 6 个展厅和 5 个作坊，集兵器展览、文化研究于一体，动静结合，视听互补。展厅以实物、投影、图片、浮雕、陶瓷、油画等形式系统展示了由古至今的兵器文化。馆内展出的各个时期的珍贵冷兵器藏品都是博物馆主人长期收集的。馆长刘文涛是平遥人，自幼习武，酷爱刀剑，收藏古兵器达千余件，复制、修复中国古兵器数百件，2001 年成功破译了中国古刀剑传统锻造工艺——失传已久的"花纹钢技术"。文涛坊修复、复制技艺现已列入山西省省级非遗名录。2010 年 9 月 19 日，文涛坊古兵器展览馆正式开馆，以"免费讲解、免费参观"的公益性质向社会开放。平遥具曾发现过古代铸造工艺遗迹，而文涛坊的出现则为古城增添了文化内涵。每到周六、周日，博物馆的后院里就会有技师演示兵器的制作过程，在锻打、研磨、雕刻等环节，游客还可以参与互动，有兴趣的游客可以前往参观。在中国票号博物馆（日升昌记）的对面还有文涛坊刀剑会所，里面展示了其最新的作品。

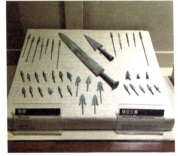

● 中国票号博物馆（日升昌记）

🏠 平遥县平遥西大街 38 号　☎ 0354-5683261

平遥西大街上的日升昌记是最早出现的山西票号，以"汇通天下"闻名于世，被认为是中国现代银行业的鼻祖。从清道光初年成立票号到民国三年（1914年）歇业，日升昌记的分号曾遍布全国 35 个大中城市，业务远至欧美、东南亚。

日升昌记的起源颇有些故事性。据说，平遥李家的西裕成原是做颜料生意的，在北京设有分号，因此平遥和北京的山西客商经常托西裕成捎带银两。当时货币流通量大增，西裕成颜料庄首先在京晋间试行汇兑，效果很好，西裕成掌柜雷履泰发现商机，汇兑业日益扩大。清道光三年（1823年），中国第一家票号——日升昌记募股创办，专营借款、汇兑业务，票号分支逐渐遍布国内外。不久后，晋中各地的票号陆续开办，以平遥古城内的票号最多。

"日升昌"取"如日初升，繁荣昌盛"之意。在汇兑业鼎盛时，全国共有票号51家，其中南都票号8家，晋商票号43家。43家晋商票号中有22家出自平遥，掌控全国80%的资金流向。辛亥革命后，社会动荡造成金融危机，山西票号相继落没。

日升昌记票号是一座民居与商铺相结合的建筑，既考虑到了使用功能，又充分体现了晋中民居的建筑水平。日升昌记是三进式穿堂楼院，正院沿南北轴线而建，东院是狭长的南北小跨院，西院是日中新票号。以上范围现为中国票号博物馆，系统地展示了中国第一票号从诞生到兴盛再到衰亡的历程，收藏了大批和票号有关的文物，孩子们在这里可以全面了解票号，特别是日升昌记票号的历史。

● 蔚泰厚博物馆

🏠 平遥县古城西大街 36 号 ☎ 0354-5687926

　　蔚泰厚博物馆地处平遥古城内的西大街路南，与中国票号博物馆毗邻。蔚泰厚票号是继日升昌票号后，平遥县出现的第二家票号。

　　蔚泰厚票号原是介休市北贾村侯氏在平遥县西街开办的一家绸缎店，与日升昌票号中间只隔一间小烧饼铺。侯氏侯荫昌（号称"侯百万"）见日升昌由颜料庄改为票号后生意兴隆，也积极准备兴办票号。当时，日升昌副经理（二掌柜）毛鸿翙和经理雷履泰产生矛盾后受到排挤，侯荫昌就趁机把毛鸿翙拉了过来。清道光十四年（1834 年），蔚泰厚正式改组为票号，毛鸿翙任总经理。在毛鸿翙的经营下，一年之间，蔚泰厚的业务迅速发展。蔚泰厚与蔚丰厚、蔚盛长、天成亨、新泰厚结成"蔚字五联号"，结盟后实力大增，由此打破了日升昌一支独大的局面，两大派系竞争日益激烈。这些早期票号的丰厚盈利又吸引了更多民间资本投入票号经营，于是，平遥的票号数量和营业额都出现了快速增长。

　　现在，在蔚泰厚票号旧址上建成了博物馆，博物馆占地面积 1300 余平方米，是个传统三进式的店铺院落。其中的 40 间砖木结构房屋分成谋略、经营、人物 3 个展区，共有 18 个展室，展出包括蔚泰厚、蔚盛长、天成亨、新泰厚在内的"蔚字五联号"的大量史料和实物，再现了清末民初时期，平遥票号市场的兴隆景象。

● 中国商会博物馆

🏠 平遥县平遥古城东大街 15 号 ☎0354-5686308

中国商会博物馆为原平遥商会旧址。清光绪七年（1881 年），祁县渠源潮在这里开办了汇源涌票号。清宣统三年（1911 年），平遥商会买下这里用作商会会所。1949 年后，平遥商会改组为工商业联合会，2002 年这里被辟为中国商会博物馆。博物馆里有红木图腾屏，其上有镂空雕刻的"二龙戏珠"，两边为两条大龙，两龙之间有蝙蝠衔接，取"福"字谐音，意为"双龙携福"，珠内有龙、凤、麒麟、乌龟，寓意"龙凤呈祥、麒麟送宝、宝贵长久"。

博物馆占地面积约 1000 平方米，以中国商会的历史变迁为主线，以商会管理文化为中心，联谊工商各界人士，是一座综合性的民营博物馆。馆内设有展室、研究室、工商联谊会，通过文献资料和实物馆藏重现平遥商会的历史，并对中国商会的产生背景、发展历程、组织结构和历史意义等进行系统介绍。平遥是晋商文化的发祥地之一，平遥的中国商会博物馆也是了解晋商文化的很好的窗口。

● 平遥漆器艺术博览馆（永隆号）

🏠 平遥县明清街 57 号（总部），南大街 129 号（分部）　☎ 0354-580522（总部）/5683288（分部）

　　推光漆器是平遥特产，古城内销售店铺众多，市楼南边的永隆号是老字号，比较有名。该店采取了前店后厂的模式，在老店铺里欣赏光可鉴人的漆器十分惬意。永隆漆器选用优质脱水椴木制胎，经裱布、刮灰、逐道髹漆、打磨等 30 多道工序，达到漆膜映影如镜的程度，然后再加入描金绘彩、堆鼓罩漆、玉石镶嵌、云雕等工艺。漆层为天然大漆或合成大漆，可以装饰古典人物、园林山水、花鸟鱼虫、名胜古迹、名家稿件等百余种图案。几道工序皆为纯手工完成。推光漆器的主要品种有各式屏风、漆画挂件以及各类柜、凳、几、首饰盒、盘、碟、瓶等。店内开设的博物馆里藏有百余件古代漆器精品，内容题材丰富，可以通过其了解平遥漆器的发展过程。馆内同时还有制作间可以参观，供游人了解漆器的制作过程。

中国钱庄博物馆（协同庆）

🏠 平遥县平遥古城内南大街 ☎ 0354-5680077

　　清咸丰六年（1856年），协同庆票号创立于平遥南大街。原始出资财东是榆次聂店的王家和平遥县王智村的米家，初期资本为三万六千两白银，每股五千两，两家各占一半。协同庆是平遥十大票号之一，占地面积2800多平方米，各地分号有33处，曾分布于全国大中小城市和商埠、码头。协同庆票号旧址于2000年10月进行了修复整理，于2001年春节被正式开辟为中国钱庄博物馆。

　　该博物馆共有30个展览室，通过大量的史料向游客介绍协同庆发展的历史。一院揽柜房现为游客中心。二院门额上的"双惟"匾由曾在平遥超山书院讲学的清代中期山西五台籍名人徐继畬所书，该院是总信房、营业厅和埠际信房院。信房有文牍1名，誊写员2~3名。钱庄的信一般都采用暗语，保密性很强。从信房出来，看到的中厅是协同庆院里最高大的建筑——营业厅，用于迎来送往以及接待重要的客户。其内部的红木5层双塔制作于清乾隆九年（1744年）。三院是钱庄总经理（大掌柜）、协理（二掌柜）、襄理（三掌柜）的办公居住地。四院内设有亭台楼阁，是员工的生活区，现陈列着榆次聂店王家和平遥县王智村米家的家族史。花园的中心有一个戏台，是钱庄内部的娱乐休闲之地。五院是金库，共有8间房，两侧是当时镖师看守金库的门卫室，据说在通道内还曾设有防范机关。

🔴 收获

　　第二天为博物馆之旅，各种细分的博物馆为全国之最，孩子们可以在这里学到很多关于中国历史的各种知识，能大大开拓孩子们的眼界。

第三天

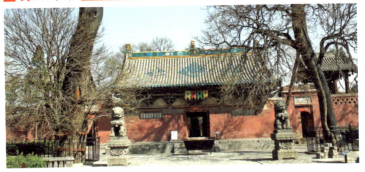

● 镇国寺

🏠 位于平遥县城东北方 15 千米处的郝洞村　🚌 从县城包车往返 40 元，乘坐 209 路公交车也可到达，票价 4 元　🕐 夏季 8:00—19:30，冬季 8:00—18:00　💰 25 元

　　镇国寺原名京城寺，始建于五代北汉天会七年（963 年），清嘉庆二十年（1815 年）重修了万佛殿。世界文化遗产委员会对平遥古城的界定清单中包括"一城二寺"，其中的"二寺"指的是以彩塑闻名的双林寺和镇国寺。镇国寺现有两进院落，天王殿边钟楼上的金代铁钟据说可声遍平遥城。大殿又称万佛殿，始建于北汉天会七年（963 年），面阔 3 间，平面近正方形，进深 6 椽，单檐歇山顶，出檐深远，庞大的七铺作斗拱，总高超过柱高的 2/3，殿顶形如巨伞，是留存到现在仅存的几座五代时期的木建筑之一，也是全国现存的最老的木构建筑精品之一。万佛殿塑像的色彩依然鲜艳，现有塑像 14 尊，其中 11 尊是五代时的塑像原作，是罕见的五代作品，有晚唐风格，甚为珍贵。"万佛"的名称来自于四壁上连绵的坐佛壁画。殿前的千年古槐和万佛殿一起默默见证了千年历史的变迁。在寺内其他各殿中还有若干明、清塑像，做工也很精细。镇国寺的美古朴大气，动人心魄，颇有些佛光寺东大殿的影子。

● 慈相寺

🏠 位于平遥县城东 10 千米处的冀郭村东北隅

慈相寺古名圣俱寺，这里保存下来的砖塔、大殿、佛像、壁画都是金代作品，弥足珍贵。古寺在近几年得到了修缮。慈相寺的创建年代不晚于唐肃宗时期（711—762 年）。宋仁宗庆历年间（1041—1048 年）始建麓台塔，宋仁宗皇祐三年（1051 年）改名为慈相寺，后在宋金战争中被毁，金天会年间（1123—1135 年）重修。现正殿和砖塔是金代遗物，其他建筑为清代重建。寺院坐北向南，前后三进院落，山环水抱，蔚为壮观。中轴线上自南向北依次是山门、戏台、前殿、正殿和麓台塔，东西两侧有钟鼓楼。正殿大雄宝殿面阔 5 间，进深 3 椽，悬山顶，前出廊，用材硕大、古朴。从梁架、门窗的风格并结合寺内历代碑刻记载可确认，大殿是金代建筑。殿内现存横三世佛坐像（即药师佛、阿弥陀佛和释迦牟尼佛）、壁画 100 多平方米，线条简练，是金代的精品。

重修于金天会年间（1123—1135 年）的麓台塔原称无名大师灵塔，其造型古朴，平面为八角形，高 48.2 米，是 9 层楼阁式砖塔。塔座南出抱厦门 3 间，可以进入塔内。塔下四周有清代建造的窑洞 16 孔。塔身 2~7 层建斗拱，8~9 层为素面。塔顶为覆盆莲瓣形，塔刹已毁，每层高度自下而上逐层递减。塔内是空心的，各层间均有楼板、木梯可登，各层在南北向开明窗。寺内所存历代碑刻 9 件，记载了慈相寺的历史和故事，保存价值很高。其中宋庆历六年（1046 年）凿刻的《大宋西河郡圣俱寺麓台山碑》有 5 米多高。

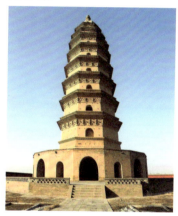

● 金庄文庙

🏠 位于平遥县城东 5 千米处的金庄村西

这是一座村级文庙，据梁上的墨迹表明，该庙始建于元延祐二年（1315 年），具志记其始建于天顺四年（1333 年）。明、清时期多次重修该庙，民国十一年（1922 年）又补修过一次。文庙坐北朝南，现存三进院落，有殿堂 6 座。在中轴线上有棂星门、明伦堂、龙门、泮池和状元桥、仰圣门、大成殿等。金庄文庙在建筑格局上具有明显的特点。明伦堂一般在规模比较大的文庙里才会出现，且一般建在大成殿的后面，但金庄文庙却将其安置在一进院的正房，取代了大成门。明伦堂的后面建有龙门，也叫状元门，传说只有考试得第一名的人才能从中门进入，榜眼走右门，探花走左门。进入状元门之后是泮池和状元桥，也是第三进院落，状元桥上的仰圣门模仿的是曲阜至圣庙的仰圣门，一般的文庙里都没有这种结构，或许为重修时所建。金庄文庙的最大亮点是安放于大成殿内的元代孔子像和"四配""十哲"彩绘泥塑像 15 尊。大成殿殿内保存着目前国内已知存世最早的孔子像。这尊孔子泥塑高约 2 米，塑像面色黝黑，满脸胡须，两颗上门牙突前外露，与史书中描述的孔子形象相符。其身下的坐垫造型是仿"栽绒毛毯"建造的彩塑。在孔子塑像的两侧前方，左右斜行分列着"四配"坐像，即复圣颜子、宗圣曾子、述圣子思、亚圣孟子。大成殿左右两侧分列着"十哲"坐像，分别是子贡、冉有等十弟子。孔子和"四配""十哲"塑像都有木雕神龛，龛前为 4 扇木棂格门，平时关闭，祭祀时才打开，孔子神龛的造型和工艺最精致。金庄文庙现已修缮完工。

● 清凉寺

🏠 位于平遥县城南 14 千米处的永城村北

据《平遥县志》记载，清凉寺建于元至正二年（1342 年），明、清两代均对其进行过修葺。寺院坐北朝南，前后两进院，中轴线上现存有山门、中殿、正殿（七佛殿）等建筑。七佛殿是正殿，面阔 5 间，进深 6 椽，单檐悬山顶。殿内佛台上端坐着 7 尊坐像，通高近 3 米，居中的是横三世佛，东西壁前是文殊、普贤、观音、大势至 4 位菩萨。7 尊坐像双腿盘坐于须弥座莲花台上，背光装饰十分精美，工艺繁复，须弥座上的力士也雕得神气活现。

4 尊胁侍立像中的一尊已被毁坏，剩余的 3 尊立像雕刻得十分精致。据说殿内的塑像是于明嘉靖十六年（1537 年），由本县的达蒲村民间艺人段仲能带领其子段哲、其孙段添花创作而成。明代塑像群是清凉寺中最为珍贵的文物精品。

🔴 收获

第三天为古城周边的寺庙文化之旅，看完这几个地方，孩子们可以对中国北方的寺庙文化有一个更加直观的了解，各家寺庙里也不乏一些艺术精品。

🐾 平遥吃住行

📷 吃

● 元亨酒家

🏠 平遥古城西大街 111 号

☎ 0354-5624333

　　这是一家平遥古城里的普通饭馆，菜品大多是平遥的地方特色菜。

● 喜迎春饭店

🏠 平遥古城南大街 118 号

☎ 0354-5686309

　　这是南大街上的著名特色饭馆，提供平遥各类特色美食。

● 引路驴友餐厅

🏠 平遥古城城隍庙街 5 号

☎ 13934182954

　　这是平遥古城内较早的一家小资范儿餐厅，特色菜有老醋焖牛肉、干煸羊肉串和沙棘长山药等。

● 麒麟阁大饭店

🏠 平遥古城城隍庙街 76 号

☎ 0354-5689988

　　麒麟阁大饭店提供平遥地方小吃，品种繁多。

🛏 住

● 平遥古城锦宅精品客栈

🏠 平遥古城东大街 16 号

☎ 0354-5841000

　　位于东大街的平遥古城锦宅精品客栈是一座奢华的精品设计型小酒店，是古城里最高端，也是最低调的住处。

● 麒麟阁大饭店

🏠 平遥古城城隍庙街 76 号

☎ 0354-5689988

　　麒麟阁大饭店是古城内唯一一家大型的五星级酒店，位于南城门内。

● 平遥会馆

🏠 平遥古城城隍庙街 120 号

☎ 15582896122

　　平遥会馆地处城隍庙街繁华地段，是地方特色浓郁的大型旅馆。

● 富侨休闲会馆

🏠 平遥古城南大街 125 号

☎ 13294665333

　　这是一座靠近南门的客栈，由临街店铺改建而成，为传统四合院格局。

● 德馨源民俗宾馆

🏠 平遥古城东大街 59 号

☎ 13834847448

　　德馨源民俗宾馆是一座典型的三进四合院，也是山西省旅游局颁发的平遥首家三星级民俗宾馆。

● 一得客栈（侯王宾、侯殿元旧居）

🏠 平遥古城沙巷街 16 号（近西大街）

☎ 0354-5686507

　　侯王宾、侯殿元父子是平遥票号世家，因此其住宅比一般民宅要豪华很多。客栈所在的巷子比较安静，而且巷子里都是老住户，很有居住氛围。

● 天元奎客栈

🏠 平遥古城南大街 73 号

☎ 0354-5680069

　　天元奎客栈始建于清乾隆五十六年（1791 年），改建后扩大了使用面积，在保持传统建筑形式的基础上完善了现代服务设施。

● 福康居客栈

🏠 平遥古城东大街炭市巷 2 号（清虚观东 30 米处）

☎ 0354-5682902

　　福康居客栈是平遥商人吕金富的后人在其旧居基础上建成的，旧居建于清乾隆十七年（1725 年）。

🚗 行

　　古城内各景点均可步行到达，在很多客栈和商店都能租到自行车，普通自行车租金一般为 20 元 / 天。

亲 子 游

2 凤凰古城

🦂 古城概况

　　凤凰古城是湘西的一大标志性景区，一代文豪沈从文先生的名著《边城》使得这座小城誉满天下，吸引了无数游人来此观光。古城历史悠久，建筑完好，名人辈出，景色优美，风情独特，气候宜人。经过多年的开发，凤凰古城已显现出其巨大的包容性，本地人靠着旅游业过着闲适的生活，外地的生意人不断涌进，随之而来的是一系列现代化生活元素。本土文化与外来文化在此交融碰撞，使得小镇的生活显得格外热闹。

🚢 访古城线路推荐

线路（预计需2天）

第一天： 北门城楼—石板老街—沱江吊脚楼—陈斗南宅院—虹桥—许愿亭—万名塔

第二天： 南华山神凤文化景区—沈从文故居—朝阳宫—熊希龄故居—田家祠堂

■ 第一天

● 北门城楼

🏠 **凤凰古城北面**

　　北门城楼上有阴刻的"璧辉门"3个字，从这个名字就可以看出古城楼当年的风采，那必定是金碧辉煌的。城楼临江而建，另外这里还有一座瓮城，不过瓮城的门是开在侧边的，这在军事上来说，其防御能力将会大大增强。

● 石板老街

🏠 凤凰古城内

　　石板老街是古城里每天最热闹的地方，这里游人如织，两侧是各种酒吧、客栈。老街的路面全是用石板铺成的，历经岁月，古朴而大气。如果是在细雨中行走其上，那么一种烟雨蒙蒙的老江南感便会扑面而来。来到古城，除了可以泛舟沱江，行走在石板老街上也是一种不容错过的体验。

● 沱江吊脚楼

🏠 湘西土家族苗族自治州凤凰县凤凰古城东南的沱江江畔

　　沱江吊脚楼是凤凰古城的一张名片，正是有了江边的那排吊脚楼，才使古城具有了独特的风味。听当地人介绍，在以前，城墙以内是贵族们居住的地方，而平民百姓只能在江边背靠城墙支几根木头，铺上木板当作居所。而如今，游客想要住在这间用几根木头搭成的"江景房"里，还是要花费不小的代价的。

● 陈斗南宅院

🏠 湘西土家族苗族自治州凤凰县凤凰古城吴家弄1号

　　这座始建于清光绪二十八年（1902年）的四合院里曾经出过两位将军，是一座典型的江南风格四合院。宅院里有一件泥塑艺术精品——陈氏祖宗泥塑，是张秋潭大师的封世之作，喜欢的朋友一定不要错过。

　　此外，陈斗南宅院还是《乌龙山剿匪记》《末代苗王》《我心飞翔》《湘西往事》等影视剧的内景拍摄地，可见其在湘西建筑史上的地位。

● 虹桥

🏠 湘西土家族苗族自治州凤凰县虹桥中路

虹桥建成于清康熙九年（1670年），至今已有300多年的历史了。虹桥共有2层，底下一层为商铺，游客可以在这里淘到各种具有民族风情的小物件，上层是展示与虹桥相关的艺术作品的展览室，小朋友们可以在这里学到很多有意思的知识。虹桥上还是一个观景的好地方，站在上面，沱江两岸的美景尽收眼底，尤其是在夜晚时分，这里的景观更是美丽异常。

● 许愿亭

🏠 湘西土家族苗族自治州凤凰县虹桥旁

这是位于虹桥旁沱江边上的一个小亭子，传说这是古城龙脉的龙头位置，于是人们便在此许愿祈福。这里面朝沱江，能看到万名塔和夺翠楼，是一个不错的观景点。前来游玩的游客不仅能在这里放许愿灯，而且还能挂同心锁。

● 万名塔

🏠 湘西土家族苗族自治州凤凰县凤凰古城内

万名塔塔高21米，屹立于沱江北岸，为六角三级砖塔。入夜后亮起灯光的万名塔最具魅力，塔影倒映在江心，水中、岸上两个塔相互呼应，非常漂亮。

🔴 收获

今天，游客可以很好地领略一番湘西古镇的风情，感受一下沈从文笔下的"边城"风光。

第二天

● 南华山神凤文化景区

🏠 湘西州凤凰县南华山森林公园内（古城以南约 3 千米处）　☎ 0743-3211211
🌐 www.nanhuashan.com.cn

"一座青山抱古城，一湾沱水绕城过"，这座青山就是南华山，它被誉为凤凰城的父亲山。南华山神凤文化景区就在这里，景区入口在虹桥附近，从古城内可以很方便地到达，进入景区后，整个凤凰古城将一览无遗。

南华山神凤文化景区是国家AAAA级旅游景区，它以中国源远流长的凤凰文化为主题，精心打造了亭、台、殿、阁、廊、柱、桥、楼等蕴含凤凰文化元素的主题场景，在这里，可以给小朋友们上一堂生动、丰富的历史文化课。

● 沈从文故居

🏠 凤凰古城内中营街 24 号

沈从文先生自 1902 年 12 月 28 日诞生在这里之后，便在此生活，一直到他 15 岁时，才离开这里。这是一间不大的屋子，是由沈从文先生的祖父所购置的，历经了 3 代。走进故居，低矮的四合院正中是一方小天井，周围是 8 间旧屋。1988 年，沈从文先生病逝后，故居得以修缮，并挂上了"沈从文故居"的匾额，向游人开放。

● 朝阳宫

🏠 湘西土家族苗族自治州凤凰县文星街 43 号

这里原来是陈氏宗祠，是一座由 14 间房屋构成的四合院。朝阳宫内有一座戏台，建造精美，展现了精湛的建造技艺。戏台上有一副很有意思的对联："数尺地方可家可国可天下，千秋人物有贤有愚有神仙"，道尽了这片方寸空间。朝阳宫现为省级历史文物保护单位。

● 熊希龄故居

🏠 湘西土家族苗族自治州凤凰县文星街 8 号

　　熊希龄故居是一座拥有 170 余年历史的四合院式建筑。民国第一任内阁总理熊希龄就是在这里出生的。故居为正配 2 栋 5 间房子,隔断的墙壁均为湘西常见的木板墙,而院墙则为青砖砌就,这就使得整座院落拥有了很好的防火功能。整座故居方正整齐,古朴雅致,游客可以去参观一下。

● 田家祠堂

🏠 湘西土家族苗族自治州凤凰县凤凰古城步行街内

　　田家祠堂始建于清道光十七年(1837 年),由时任钦差大臣、贵州提督的田兴恕率族人捐资兴建。

　　田家祠堂有各类殿堂、房间 20 余间,极尽奢华,是凤凰县首屈一指的祠堂建筑。祠堂里还设有一座戏台,是祠堂中艺术价值最高的一座建筑,无论是建造方式还是彩绘木雕,都是研究清代建筑的精品。

◉ 收获

　　凤凰古城是国家历史文化名城,曾被新西兰的著名作家路易·艾黎称赞为"中国最美丽的小城",在这里,你能欣赏到古城特有的景色。中国著名作家沈从文先生就是凤凰人,他写下了很多以当地为背景的小说和散文,小朋友们在来这里旅游之前,可以先找出这些文章阅读一下。

凤凰吃住行

吃

● **俊子饭店**

🏠 凤凰县虹桥中路（大使饭店斜对面）

☎ 15897436850

　　这是古城内很好吃的一家店，血粑鸭、酸汤鱼、叫花鸡、腊肉炒山笋的味道都很不错。

● **大锅大灶柴火饭庄**

🏠 凤凰县虹桥中路 110 号

　　这里有当地非常著名的美食，柴火鸡、柴火鱼的味道都很不错。

● **湘西往事二楼美食部落**

🏠 凤凰古城虹桥桥头老营哨 3 号

　　饭店的位置靠河，可以一边品尝美食，一边欣赏美景。

● **老宅粉馆苗乡牛肉粉（总店）**

🏠 凤凰古城南边街永丰桥 2 号（南门口）

　　这里的牛肉米粉很正宗，价格也很实惠。

● **大使饭店（虹桥中路）**

🏠 凤凰县虹桥中路 118 号（近虹桥）

☎ 0743-3222340

　　这是一家性价比很高的店，干净、卫生。

🛏 住

● 凤凰水调歌头吊脚楼宾馆
🏠 凤凰古城回龙阁 133 号
☎ 0743-3261001

　　这家店位于古城沱江的下游，靠近天王庙。临江，坐在阳台上可以俯瞰沱江，感觉很好。

● 凤凰美乐地酒店
🏠 凤凰古城回龙阁 135 号
☎ 0743-3228148

　　酒店的地理位置很好，毗邻美丽的沱江，邻近东门城楼和虹桥。

● 天下凤凰大酒店
🏠 凤凰县沱江镇凤凰路 1 号
☎ 0743-3502999

　　这是一家四星级酒店，住宿条件很好。

● 久栖·凤凰爽爽家客栈
🏠 凤凰县老营哨街 78 号
☎ 0743-3666520

　　这是一家花园式洋楼旅店，每间房间的装修风格都不一样，很有特色。

● 且留住临江客栈
🏠 凤凰古城回龙阁 85 号
☎ 0743-3260956

　　客栈临江，从房间里推窗望去，便是万名塔、万寿宫，右边则是仿古大桥——风桥。

● 凤凰幸福里客栈
🏠 凤凰古城回龙阁 147 号
☎ 17774300160

　　客栈的位置很安静，老板人很好。

● 凤凰城精品酒店
🏠 凤凰县老营哨街 145 号
☎ 17774356648

　　酒店按照凤凰县老四合院的风格设计建造，店内回廊重叠，雕梁画栋，更有奇花异草点缀其间。

🚗 行

　　步行是游览古城的最佳方式。

3 大理古城

亲 子 游

🌸 古城概况

大理古城地处云南省中部偏西的位置，东临洱海，西望苍山，城在山水之间，涓涓不断的清澈泉水滋润着这一方水土，仁者、智者都会情不自禁地喜欢上它。从都市来到这里，会明显感觉到时间放慢了前进的脚步。这里城墙环绕，青石板铺地，屋瓦上长着青葱的野草……传统白族民居的建筑形式具有非常鲜明的特点，有"三坊一照壁""四合五天井"之称。家家流水，户户养花，人们的表情安详、快乐。

明、清以来大行其道的棋盘式网格状结构的城市布局，至今仍保存完好。南北方向的中心线复兴路贯穿了整座古城。现在，鳞次栉比的特色旅游店铺使这条街变得令人眼花缭乱。由南城门作为起点的复兴路串起了人民路、护国路（洋人街）和玉洱路等东西向主要干道。

🚢 访古城线路推荐

线路（预计需3天）

第一天： 南城门—五华楼—武庙—蒋公祠
第二天： 大理文化园—玉洱园—大理市博物馆—大理农村电影历史博物馆
第三天： 南门清真寺—天主堂—大理基督教堂

第一天

● 南城门

🏠 大理古城南门　🎋 免费　❗ 东侧城墙已经废弃，请注意安全

大理古城的南城门已经矗立了几百年了。我们现在看到的城墙和古城格局是从明朝初期沿袭下来的。原先古城的东、南、西、北都有城墙，城墙上建有城楼，城外还有护城河作为屏障。今天站在南城门外还能看到当时大致的模样。南城门的卫城保存得还算完整，城门上有"大理"二字。城墙上面两层高的城楼已被翻修过，

"文献名邦"的匾额挂在上面，不过护城河已经不见踪影。

穿过高大的城门，两侧有台阶可以登上城墙。城墙非常宽阔，和城里的道路一样。城墙上除了游客，还有一对拍婚纱照的新人。

卫城上的城楼也可以进入，且可以登得更高，望得更远。往北看便是古城全貌，近处的人流顺着复兴路拥

进古城，远处高高的五华楼非常显眼。往南看，另一座古楼在 1000 米开外，那是文献楼，号称古城第一门，以前古人若是迎送重要人物，都要通过此门。文献楼最初建于清康熙年间，今天看到的是 1949 年后仿修的，不过门的样式保持了传统的白族建筑风格，底下是砖石垒的门洞，上面立着两层歇山式城楼。往东望，一条残破的城墙渐渐湮没在绿色树丛中，偶尔也会有摄影师带着新人来这里拍婚纱照，但游客极少踏足这里。往西望，保存完整的城墙气派地向苍山脚下绵延，游客们都喜欢在这里散步。最有趣的是城墙路面上长出了两棵大青树，若是夏天的话，这些树荫下会站满人，很多摄影师都喜欢以它为背景来拍摄照片。顺着城墙往东走，末段城墙突然上抬，踩着台阶信步而上，视野会更加开阔。弘圣寺塔就在不远处的苍山上，它是人们俗称的"一塔"。这座已被关闭的古塔从城墙上看反而

更具风韵，秀丽的塔身笔直地耸立在苍山上，四周是绵延的绿色，一直延伸到天际。台阶上有位置刚刚好的石栏，情侣们会把它们当凳子坐，面对苍山，情侣间的悄悄话可以说上半天。

老城的城墙和门楼就像是它的脸面，写满了沧桑，也是人们最先观赏的地方。当昔日的护城河被宽阔的马路覆盖后，坚固的"外壳"就只能是一种历史的印记了。然而从这里开始了解古城或许最为恰当，因为只有知道了它的过去，你才能更懂苍山、洱海的美。

● 五华楼

🏠 大理古城复兴路 200 号 🕐 以底楼商铺的运营时间为准 💰 免费

当蜂拥的旅游团从古城南门拥入后，远远地就会看到一座古楼阁，那就是五华楼。

五华楼位于古城中心的西南部，其实它并不是古城的中心。这座高高在上的城楼不是观景台，在古代，它是接待西南各邦国、各地方达官贵人的场所。

五华楼的历史最早要从南诏国说起。南诏国中期非常强盛，那时君乇丰佑为了能有地方宴请四方宾客，特地造了五华楼。当时的五华楼实际上相当于一座小城，可以住下 1 万多人。

五华楼命运多舛，战争和地震等天灾人祸不断摧残着它。据史料记载，五华楼曾 3 次失火被毁、3 次重修，其中忽必烈征服大理后也曾斥巨资重修。由于苍山上木料越来越少，因此每次重修的规模都不如之前。到了明朝，五华楼又一次被烧毁，人们索性将原来的钟鼓楼改成了五华楼。

现有的五华楼是在 1998 年修建的，它沿袭了明朝时的建筑风格。五华楼底下是一个像城墙一样的基座，中间开了拱门，复兴路就从门下过。基座之上有 3 层木结构的阁楼。青色的瓦片覆盖坡顶，斜坡屋顶下朱红的大柱四方矗立，朱漆木门上的五彩木雕从远处就能看见。基座四方，风格一致的亭子各据一角，亭子之间还有流水互通，绿树红花伴其左右。走累了的游客、写生的学生，常常在亭子里休憩、画画，他们一抬头就能看到高大的五华楼。

人们也可以走进这座楼。在基座的拱门中有一扇小门，门内现在开设了商场。商场边上就有木楼梯可直达楼上，楼上没有商业设施。每一层中间都有一个房间，房间外有回廊，回廊上往里看是色彩艳丽的剑川木雕，往外看是大理古城和苍山、洱海。因为有了回廊，这里堪称 360° 无死角。

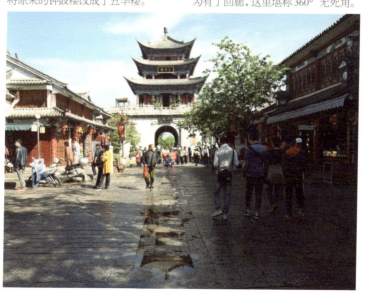

● 武庙

大理古城博爱路 53 号　☎ 0872-2673333　💰 免费　❗ 从武庙的侧门走出去有吃素斋的一然堂，5 元 / 位，自助餐

　　所谓武庙，其实就是关帝庙。原先此处确有古庙，那是一座建于明洪武年间（1368—1398 年）的老庙。可到了现在，古庙已荡然无存，只剩照壁一面，几年前，才又在原址上重修了武庙。从开阔的建筑面积和气势不凡的仿古建筑来看，这个工程确实是个大手笔，巨大的牌楼用繁复华丽的卯榫结构引导人们走向深处。在开阔的广场边上还建起了两层高的仿古民居。

　　最深处的大殿即为武庙圣殿，气势恢宏，金碧辉煌。大门上的金漆木雕在阳光下熠熠生辉，殿内金色的关帝像居高临下，气势凌人，关帝像两侧有精美的浮雕壁画，而关帝像顶上则盘着一条金龙。武庙最大的看点是关帝像边上那 63 尊白族本主神像，本主神像是白族的原生宗教信仰，经过与汉文化的交融，在这里，道教和本主已经融合在一起。其实在广场两侧，你还能找到般若殿这样的佛教道场，也能看到菩萨被众人朝拜的场景。

● 蒋公祠

🏠 大理古城玉洱路 123 号 ☎ 0872-2663588 🕐 8:00-17:00 💰 10 元 / 人，周六免费

蒋公祠是清朝大将蒋宗汉的祠堂。这座祠堂被很好地保存了下来，现在被改成了大理非物质文化遗产博物馆，这不仅使古祠堂得以和游客见面，同时也让人们对大理有了更加深刻的了解。

蒋公祠能在古城保存得那么好无疑是上天的恩赐。这位蒋公是清朝的大将，来自鹤庆，颇能打仗，曾参与过清光绪年间中法战争中的镇南关之役，最后他被封为云贵提督，成了一品大员。他还在云南修书院、兴水利、办交通。由他出资建造的金龙桥在此后的 70 多年间，是金沙江上游唯一的一座大桥，现在也已经成为全国重点保护文物。

因为蒋公功勋卓著，清政府御赐了现在的祠堂。辛亥革命后，改为鹤庆会馆，1949 年后，这里一度成为幼儿园，现在蒋公祠的匾额又重新挂在了大门上。

走进大门，一进两院的传统建筑值得探寻。大门内前院有正房和东西厢房。厢房有 3 间，也是过厅，可以走到后院，后院与前院格局相似。就在这些前后院的正殿和过厅中，大理的非物质文化遗产陈列其间。从左手起，穿过各个院子，就如同穿梭时空般领略大理的文化。从古老的神话传说，到扎染、刺绣、雕刻等传统手工艺，都有详尽的展示。

最有趣的是前院立着一个亭子，那是宽 2 米、高 5 米的大理石御碑亭。亭子下有 1.2 米的台基，顶上是有着美妙弧线的歇山顶。亭子中供着清光绪二十九年（1903 年）立的抚恤御碑。其实石碑曾被拆毁，在修建博物馆时才重新修造了一个。

在这个失而复得的石碑后面，正殿的前方，搭了一个小舞台，每天都有白族传统戏曲在这里上演。一弹一唱，白族音乐和戏曲声飘荡在整个院落中。

🔴 收获

今天参观的景点都是古城里的代表性古建筑，通过参观这些古建筑，能让小朋友对大理古城的建筑风貌有一个更加直观的了解，领会那种民族交融在古建筑上的具体体现。

第二天

● 大理文化园

🏠 大理古城复兴路 321 号　¥ 免费

　　大理文化园是当地人休闲娱乐的地方，也是一座记录大理白族文化传承的文庙，其命运一直多舛，历史上有记载的修建、变迁就不下 10 次，直到最近一次重新修复前，只有大成门是清朝留下的古建筑。新建的文化园重建了弘圣门、照壁、泮池、棂星门、两庑、天子台、大成殿、崇圣祠等。

　　文化园里还新增了孔子文化园、长廊、书文化广场、展览馆等，大理人把这里当作公园，在这里看书、读报、喝茶、聊天。

● 玉洱园

⌂ 大理古城玉洱路 131 号 ¥ 免费

自在、包容的大理人常常被外来定居者称赞，正是他们的宽容让大理文化如此多元。当越来越多的游客到此一游，填满古城的大街小巷时，当越来越多的外地人成为"本地人"时，大理人有没有属于自己的秘密花园呢？如果有的话，玉洱园绝对是其中之一。这座小小的公园就悄悄躲在大理城内。它不是著名的景点，没有游客的身影，它也不是文艺小筑，不受外地人的追捧，它是真正的本地城市公园。古城的男女老少都可以享用它，在这里你能感受到最简单的大理时光。

别看玉洱园只是古城内的一座小公园，但是开在玉洱路上的大门却是城里最漂亮的白族建筑之一。屋檐下是丰富的彩绘图案，两侧还有鲜活的浮雕，让人见识到白族传统建筑的动人之美。跨进大门，迎面便是一汪池水，池上还有几座微缩的白族建筑。弧线漂亮的圆拱门、

亭亭玉立的石塔、镂空的白墙、缩小了的照壁依次跨在池子上，在池子里生出中国古典意境的倒影。池水的另一边是高大的白族照壁，引人侧目，层层叠叠的飞檐翘角、三壁合围的三方形态、檐下色彩亮丽的绘画，无不让人看得如痴如醉。

走过池子，公园里还有许多漂亮的中式建筑。池塘上架起了石拱桥，桥后边是连片的木楼，小径上、花丛中满是造型奇特的石头，与铺着稻草顶的长廊相通，廊间有石碑露出，走廊尽头居然还有古朴的石牌坊耸立于此。

零星的建筑与池水之外，是大片大片的草坪和古木名树。茶花、樱花、牡丹、杜鹃、梅花、月季……这里一年四季树木长青，鲜花盛开，中间一棵巨大的高原榕树像一把巨大的伞遮天蔽日。榕树下的椅子上，老人们三三两两地坐着，若是落叶季节，榕树叶不断落下，慢慢就铺满了青石地板。

● 大理市博物馆

⌂ 大理古城复兴路 111 号　**☎** 0872-2670196　**◐** 星期二—星期日 8:30—17:30（17:00 起停止入场），星期一闭馆（元旦、春节、三月街民族节、劳动节、国庆节、自治州成立纪念日除外）　**¥** 免费

游客进入大理古城南门后，通常第一个会去的地方就是大理市博物馆。

这座古色古香的博物馆位于繁华的复兴路上，它的另一个地址——中和镇南门内正街更有历史感。在古代，这里是官府衙门的"中央机关"，现在的建筑格局基本沿袭自清朝。从清康熙三年（1663 年）起，这里便一直是云南的提督衙门，由此也可以看出大理在清朝时期的地位。

在杜文秀起义之后，这里被起义军改为总统兵马大元帅府，直到 1987 年，这里才以博物馆的身份出现在平民百姓的视野中。

博物馆门前巨大的石狮子显示着它昔日的威严，石狮子对面是宽广的广场。

博物馆内陈列着石器、青铜器、玉器、石雕、木雕、字画等展品，先后被评为"省级爱国主义教育基地"和"省级科普教育基地"，2010 年获得"国家级科普教育基地"的称号。

● 大理农村电影历史博物馆

📍 大理古城复兴路 459 号　🕐 周一——周日 9:00—22:00　💴 免费　❗ 博物馆还有电影放映功能，可以放映老电影，观看老电影需要提前预约，一般只接受团体自助预约

2011 年 4 月 16 日，大理电影院在放完最后一场电影后的第二天，它便成了大理农村电影历史博物馆，不过其外貌基本没变，如果不是事先知道它已经变成了博物馆，恐怕还是会把它当作电影院。

走进大厅，只见一幅幅乡镇电影院黑白照片和怀旧的电影老海报贴满了墙壁。除海报之外，还有"申影编年史"展示，美国人拍的云南大型风光音乐纪录片《大理·一见钟情》在循环播放。馆内最显眼的是《五朵金花》的巨幅海报，这部电影正是在大理取景的，让全国观众都知道了大理和它的好山好水，更让所有云南姑娘都变成了"金花"。

深入展厅，中国演员的黑白相片挂在一面墙上。墙对面便是过去大理

农村放映电影的实景模拟：一排排木质桌椅被放在大厅中，用白油漆标着座位号，座位前方是用木杆挂起来的银幕。这就是当年农村露天放映电影的景象。

不同年代、不同型号的电影放映机，规格各异的电影胶片，五彩缤纷的电影服装、道具、书刊应有尽有。展厅里还复原了当时的电影售票厅，一张票才几角钱。

博物馆里有资料说，清末法国传教士在古城东门天主教堂放映幻灯片，这是大理电影的开始。到了今天，100 多年过去了，大理古城唯一的电影院变成了电影博物馆。时光带走了大理的电影岁月，今天的我们只能像当年东门教堂外的大理人一样，好奇地看着展陈的内容来追忆那个年代了。

◉ 收获

通过对这些地方的参观，你能对大理当地的民族文化、历史有一定的了解，感受到中国西南部地区浓郁的民族风情。

第三天

● 南门清真寺

📮 大理古城博爱路 51 号 💲 免费 ❗ 清真寺是宗教场所，请注意遵守伊斯兰教教规

南门清真寺是大理古城里历史最为悠久的一座清真寺，在树影婆娑下，这座清真寺有着相当现代的外表，底楼之上以落地玻璃窗为墙，墙面上间隔铺着白色的瓷砖。虽然外立面主基调是白色的，但屋顶和尖拱却都是绿色的，凸显了阿拉伯风格，两边还各有一个阿拉伯式的圆拱。

底楼的房子都出租出去成了商铺，边上甚至还开了星月宾馆。中间大门直通寺庙，穿过拱门，里面的房子倒是中式的。无论是两边的厢房还是中间的院子，抑或是最里面的礼拜堂，无疑都是坡顶飞檐的中式建筑。尤其是中轴线上的建筑，雕梁画栋，非常讲究。最豪华的礼拜堂有 5 个开间，殿前有广场，广场前石阶高砌，雕纹石栏沿边矗立。

大殿的每根立柱上都写着金字对联，房梁上、斗拱上都有金色的花纹，颇为讲究。据说清真寺里还保存着清康熙年间著名经师蔡璿精心抄写的《古兰经》。

● 天主堂

🏠 大理古城新民路 6 号　☎ 0872-2677906

当人们跨进它略显小气的门之后，就会看到大气磅礴的教堂。"天啊，居然是这样的天主教堂！"游客常常这样惊叹。天主教堂的外观的确有震撼力，它不是你想象中传统的欧式天主教堂，尽管它是欧洲传教士在 20 世纪的杰作，但恰逢"中国化"的传教契机，传教士们把它建成了中式的，确切地说是白族式样的天主教堂。

这座有着鲜明的白族风格的教堂叫圣三堂，在阳光下，它的一个个中式檐角高高翘起，像是一对对翅膀，仿佛稍不留神就要飞走似的。飞起的屋檐下是精美的石雕和艳丽的彩绘，就像白族的大户人家一样，用精美的做工作为装饰，以显示自己的不凡。朱红的立柱和红色的大门是标准的中国红，门上方那层层叠叠的斗拱堪称中国古建筑的活化石。门上的楹联既有包含天主教色彩的对联，也有讲究对仗的传统中国式对联，中西文化交融，相得益彰。抬头看去，高高的钟楼上十字架直插云霄，再从侧面看，教堂有着标准的长进深，使整个教堂看上去就像一艘即将起航的挪亚方舟。

教堂的整个建筑以木结构为主，墙壁上有精美的油画，天花板上是满天星光一样的装饰，给人童话世界般的感觉。一楼的拱形窗户和二楼的方格窗户都有阳光照射进来，照亮了教堂。

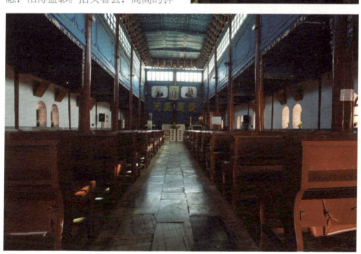

● 大理基督教堂

🏠 大理古城平等路 79 号 ⏰ 周日主日礼拜 9:00 和 14:00，周二祷告聚会 14:00，周四查经聚会 14:00，周六英文查经聚会 14:00

大理基督教堂位于复兴路与平等路的交叉口处，远远望去，就能看到高高的十字架竖立在建筑的顶端，这是藏在街巷里的一座小教堂。教堂外墙用圆石垒砌，在街口，外墙还拐出了一个漂亮的弧线。墙角和墙裙用条石砌成，成组排列的尖券形竖窗镶嵌在粗犷、简洁的卵石墙上。这座中西合璧的教堂就像大理一样充满了多元文化的包容性。

走进石拱大门便是礼拜堂。教堂虽小，但五脏俱全，祷告室、圣坛全都齐备。教堂的小圣坛没有按规制放在东方，而是因地制宜地置于北方。高高的天花板上垂下一条粗绳，那是系教堂大钟的绳子，钟楼就在它的上方。

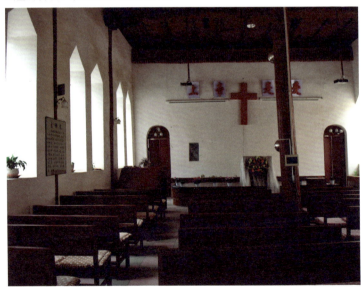

🏵 收获

这一天安排的是宗教文化参观线路，通过游览，小朋友们能深切地感受到这座古城多元化的宗教信仰，也能感受到多民族交融的现状。

大理吃住行

吃

● 益恒饭店

🏠 大理市玉洱路下段 388 号

☎ 0872-2663316

　　推荐菜品有老奶洋芋鸡蛋、砂锅鱼、香草排骨、特色黄焖鸡等。

● 梅子井酒家

🏠 大理市大理古城人民路 130 号

☎ 0872-2671578

　　这里有非常好喝的梅子酒，酒家环境优美、价格便宜、服务良好。

● 喜洲破酥粑粑

🏠 大理市喜洲四方街 26 号酥香园

☎ 13988537229

　　这里有味道非常棒的粑粑，各种口味你都可以尝试一下。

住

● 大理三塔青年旅舍

🏠 大理古城北门三塔倒影公园旁

☎ 0872-2666398

　　这里远离闹区的喧嚣，环境优美，有一湾水塘，既安静，又有格调。

● 风情大理客栈

🏠 大理古城文献路 81 号（距离古城楼南门 100 米）

☎ 0872-2699761

　　客栈距离著名的古城南门非常近，背靠苍山，面朝洱海，观景位置极佳，是大理古城里最大的"三坊一照壁"建筑风格的白族民居。

● 大理苍岳别院

🏠 大理古城玉洱路 221 号

☎ 0872-2671319

　　这家酒店的建筑风格极具白族特色，房间内的阳光露台更是你观赏苍山和洱海的理想之地。

● 永祥居客栈

🏠 大理市喜洲镇城北村（近喜林苑）

☎ 0872-2452361

　　这是一家白族民居客栈，有一个精致的小院子，舒适干净，价格便宜。

行

　　在大理古城内步行或租一辆电动车即可完成游览，城内有专门出租电动车的地方。

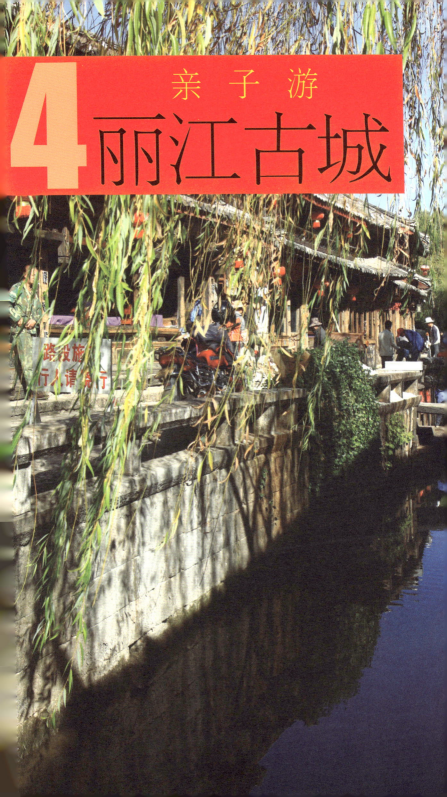

4

亲 子 游

丽江古城

🌸 古城概况

　　丽江是滇西北高原上一块美丽富饶而又颇具神奇色彩的土地。在2万平方千米的区域内,圣洁的玉龙雪山英姿勃发,汹涌的金沙江水澎湃激昂,险峻的峡谷和茂密的森林也在此交会,俨然一片风光秀丽的山河美景。

🐟 访古城线路推荐

线路(预计需3天)

第一天: 大研镇—四方街—木府—万古楼—白马龙潭寺

第二天: 束河古镇—石莲寺—青龙桥—茶马古道博物馆—龙泉寺

第三天: 白沙古镇—白沙壁画景区

第一天

● 大研镇

丽江古城免费，但参观周围的玉龙雪山、束河古镇等景点，需要缴纳 80 元古城维护费。每个景点都要查验票据，所以要将票据保存好

丽江古城即大研镇，坐落在玉龙雪山脚下，面积约 7.3 平方千米。据说始建于宋末元初，也有人说是唐朝初年，至今仍有争议。古城内的街道依山势而建，地面用五花石铺就，大水车是大研镇的标志性建筑，此外还有万古楼、普贤寺、木府、五凤楼等著名景点。在镇中行走的时候，还会看到这里极具特色的三眼井。和北方单眼深水井或品字形三眼井不同的是，这里的三眼井呈"目"字形，是在泉眼上用石头堆砌 3 个由高到低连在一起的出水口。最高的为第一潭，泉水最为清澈，是饮用水；第二潭次之，用来洗菜；第三潭是洗过菜的水，可以用来洗衣服。这种设计充分节约了水资源，而且最方便的是，取水不用任何工具，只要蹲下来就可以取水。在七一街、光碧巷和文明巷等地都能够找到这种古老的三眼井。

每到深夜时分，古镇里的游客们才从激情中恢复平静，各自回到客栈、酒店，为第二天的狂欢养足精力。穿着天蓝色和黑色相间服饰的纳西族百姓世世代代居住在这片古老的土地上。他们从事的器皿制作、皮毛纺织和酿造业等手工业和商业活动，也是古城文化底蕴的精髓所在。

● 四方街

🏠 丽江市古城区

四方街自丽江古城建成以来，就一直是最核心的区域。从四方街 4 个方向外延伸的街道，连通了古城的东、西、南、北，迎接着八方来客。丽江古城是茶马古道上最为重要的贸易枢纽，而四方街则是这一枢纽的核心。从古至今，商人们往来于四方街，进行自由贸易，商业氛围极其浓厚。然而前些年的过度开发一度超出了其承受能力。不过近几年的保护性措施逐渐起到成效，四方街也慢慢恢复成人们期待的样子。

● 木府

🏠 丽江市古城区大研镇光义街 49 号 ☎ 0888-5122572 🕐 10:00—17:00 💰 60 元 🔗
www.ljmufu.com

　　木府是丽江木氏土司衙门的俗称。从元朝开始一直到清朝的 470 年间，这一职位都由木氏及其后人担任。木府建筑群坐西朝东，规模宏大，气势不凡。木府外的木制牌楼上面写着"天雨流芳" 4 个大字，这是纳西语中"读书去吧"的谐音。

木府建筑群整体为中国古典殿阁风格，内有土司议政的护法殿，有收藏史书、名画的万卷楼，还有迎接圣旨和观赏歌舞的玉音楼，以及祭祖祭天的特别场所。府内院落之中种满了多种类型的植物，堪称丽江的"大观园"。

● 万古楼

🏠 丽江市大研镇狮子山 ☎ 0888-5111566 🕐 7:00—20:00 💰 50 元

　　万古楼是丽江的地标建筑，为五重檐全木结构宝塔。万古楼位于狮子山上，高 33 米，站在上面视野极其开阔，可以俯瞰丽江古城以及周边地区的全貌，如诗如画的古城余韵和山水田园美景尽在眼前。在这里拍摄丽江全景是最合适不过的了。

　　万古楼有东、西、南、北 4 个入口，每个入口处都有 4 对石狮子。楼内有代表丽江特色的 23 个石雕图案，寓意风调雨顺，五谷丰登。此外还有 9999 个龙形彩绘图案，和楼顶蟠龙

合为万条龙，寓意"龙的传人"能够万众一心，幸福长久。

● 白马龙潭寺

🏠 丽江市古城区东大街 1 号丽江古城内

白马龙潭寺是丽江的一座古寺。寺院规模很小，只有一座主殿。看点是寺里的泉口和水池。泉口的直径达 3 米，泉水从神龙造型的龙口中徐徐流出。水池为圆形，四周用花岗岩围了起来，中央是一尊蛇尾人身铜像，水里养着金鱼，据说是龙的化身。

🔥 收获

丽江古城是中国"四大古城"之一，不仅在中国众人皆知，在全世界范围内也有很高的知名度。小朋友来到这里，除了可以欣赏到西南古镇的风光，感受纳西文化，还可以了解一些关于茶马古道的历史。

第二天

● 束河古镇

🏠 丽江市古城区束河路　🚌 乘坐6、11路公交车至束河路口站下车　📞 0888-5174717
💰 40元　🌐 www.ljshuhe.com

　　束河古镇位于丽江古城以北5千米处，是"世界文化遗产——丽江古城"的组成部分。古镇方圆250平方米，坐东朝西，背风向阳，蜿蜒的青龙河如同一条束带穿过城中，束河古镇的名字就是这么来的。这里一年四季气候宜人，游客们可以闲庭信步地去茶马古道博物馆、青龙桥、龙泉寺和石莲寺游览一番，顺便找寻历史上著名的束河八景，即烟柳平桥、夜市萤火、断碑敲音、西山红叶、鱼水亲人、龙门望月、雪山倒映和石莲夜话。这里不仅可以引发人们的无限遐想，也能让人们更加了解纳西族的文化。

　　古镇里面参差错落地排列着纳西族民居，约有千户人家在这里常住。和白族民居相似的是，纳西族民居也是以砖石为基础，按照"三坊一照壁，四合五天井"的规格修造。现在还有很多民居向游客开放参观，甚至有些已经被改造成客栈，供游客居住。来到束河古镇，你会发现这里的商业氛围远没有丽江古城那样浓厚。

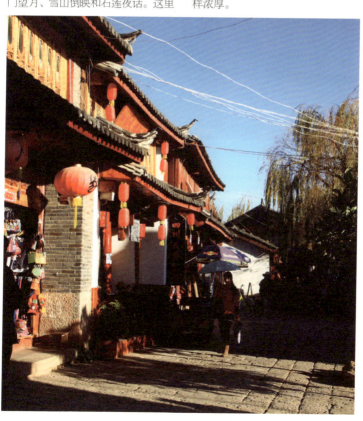

● 石莲寺

🏠 丽江市束河古镇内 🚌 乘坐 6、11 路公交车至束河路口站下车，然后步行前往即可到达

　　石莲寺位于松云村石莲山，因为山上有一个像虎口般的山洞，被村民视为不祥之兆，于是便在山洞口建立了这座石莲寺。寺庙周围绿树掩映，植被茂密，五彩的经幡在四周飞扬，形成独特一景。传说古时有的读书人家里贫穷，买不起灯油在家读书，于是就和朋友们相约来到石莲寺，点支香烛祭拜神灵之后，便会围着火堆勤读诗书，成为一段佳话，于是就有了束河八景中的石莲夜话。

　　石莲山也因为地处束河古镇西侧而得名西山。每到深秋季节，漫山遍野的漆树争奇斗艳，呈现出火红的颜色，在束河八景中被称为西山红叶。

● 青龙桥

🏠 丽江市束河古镇内 🚌 乘坐 6、11 路公交车至束河路口站下车，然后步行前往即可到达

　　在束河古镇四方街旁的青龙河上，横跨着一座明朝万历年间建成的石拱桥，距今已有 400 多年的历史，这座桥就是青龙桥。桥体是由木氏土司设计和建造的，全部由石块堆砌而成。青龙桥长 25 米，宽 4.5 米，高 4 米，

是丽江最大的一座古代石拱桥。春天时节，青龙桥畔的杨柳抽出新芽，向桥上延伸，如同青绿色的烟波涌上桥面，形成束河八景中的烟柳平桥。

● 茶马古道博物馆

🏠 丽江市古城区束河古镇中和路 🚍 乘坐 6、11 路公交车至束河路口站下车，然后步行前往即可到达 🕐 9:00—17:30 💰 免费（需要古镇门票）

茶马古道博物馆是在前木氏土司"束河院"的基础上修缮改造而成的，分为序厅、史事 1 厅、史事 2 厅、束河厅、皮匠厅、茶马风情厅、茶艺厅、影像资料中心 8 个部分，向人们系统地介绍了茶马古道的相关内容，如重要时间点、历史事件和线路等，是中国第一家研究和展示茶马古道风采的博物馆。博物馆内最重要的文物是大觉宫壁画，共有 6 面，形成于明朝万历年间，是丽江壁画的一部分。这些壁画的制作工艺精湛，是不可多得的艺术珍品。馆内有专人进行系统讲解，对茶马古道文化感兴趣的话不妨来看一看。

● 龙泉寺

丽江市束河古镇龙泉村挑水巷 88 号 🚌 乘坐 6、11 路公交车至束河路口站下车，然后步行前往即可到达

　　龙泉寺是束河古镇最重要的寺庙之一，也被称为三圣宫，有 3 座宫殿分别供奉了 3 位本主神，他们分别是观音、龙王和皮匠祖师孙膑。孙膑在束河古镇颇受尊敬，早期的时候，束河百姓就是以皮革业闯天下的，在茶马古道的商业战场上抢得了一席之地。古时每到月圆之夜，文人墨客便来此即兴作诗，这便是束河八景中的龙门望月。

　　龙泉寺里有一泓清澈的古老泉潭，名为九鼎龙潭。潭水清澈透明，鱼儿穿梭游弋，不畏游客，这是束河八景中的鱼水亲人。远处的玉龙雪山倒映在潭水之中，形成束河八景中的雪山倒映。池潭旁矗立着一座古代断碑，用石头敲击会发出清脆响声，这便成就了束河八景的另一景，即断碑敲音。

🔥 收获

　　束河古镇作为茶马古道上的贸易重镇，每天都有不计其数的云南马帮往返于此，商人们的双脚和滇马的四蹄打磨着用五花石铺就的道路，这种商贸氛围后来逐渐扩散到了周边区域。

第三天

● 白沙古镇

🏠 丽江市白沙古镇　🚍 乘坐 6 路公交车可达，也可在古城包车前往　💲 免费

　　白沙古镇位于丽江古城北部约 10 千米的位置。木氏土司曾经在这里发迹，镇上的许多工程都是由木氏修造的。之后，木氏把在白沙古镇得到的宝贵经验运用到束河古镇以及大研古镇的建造之中，取得了令人满意的效果。

　　与现在的大研镇和束河古镇相比，白沙古镇是最原汁原味的纳西族原始风情小镇。这里的房屋大多还是用老旧的土墙和灰瓦搭建而成的，生活节奏也不像大研镇那样风风火火，而是不慌不忙，自由自在。

● 白沙壁画景区

🏠 丽江市白沙古镇（白沙镇政府旁）　🚍 乘坐 6 路公交车可达，也可在古城包车前往　📞 0888-5174636　💲 30 元，同时需要出示古城维护费票据　🌐 www.baishabihua.com

　　白沙壁画景区由大宝积宫、琉璃殿、大定阁等建筑组成，这里存有 55 幅大小各异、精美绝伦的壁画作品，当中的大部分作品创作于明、清两个朝代，由白族、藏族、汉族和纳西族的艺术家们共同完成，将各个民族的文化和宗教艺术融入壁画作品中，因而在壁画上面能够看到丰富的内涵。壁画中的色彩对比非常强烈，线条勾勒得相当均匀，塑造出来的人物和描绘的景象都反映了那个时代的社会情况，这些壁画艺术瑰宝有助于人们回顾过去，了解历史。

◆ 收获

　　作为木氏土司的发迹之地，在这里，我们能更贴近中国少数民族的生活，了解他们的建筑艺术和绘画艺术。

🍲 丽江吃住行

📷 吃

● 丽江滋味野生菌火锅

🏠 丽江市古城区五一街王家庄巷 19 号

☎ 0888-5185136

　　这家餐厅的特色是野生菌土鸡火锅和牦牛肉火锅。

● 云水肴

🏠 丽江市古城区长水路 72 号（四方庙会美食城内）

☎ 0888-5185588

　　这家餐厅的名字很富有韵味，餐厅装修风格颇为古典，环境优雅。菜品是经过改良的云南菜。

● 阿妈意（小石桥店）

🏠 丽江市古城区兴仁下段 18 号

☎ 0888-5309588

　　餐厅在一座传统的纳西族院落里面，菜品自然是以纳西美食为主。

● 和叔食府

🏠 丽江市古城区五一街振兴巷 9 号

☎ 18708886017

　　这是一家经典的云南菜餐厅。瓦片鱼、清蒸雪山鱼和纳西烤鱼这 3 道和鱼有关的菜品味道各有千秋，都是值得品尝的。

● 正宗李家土鸡米线店

🏠 丽江市古城区七一街八一下段 218 号 A 座

☎ 17614637484

　　主推云南土鸡米线，土鸡汤汤头非常鲜香。

● 88 号小吃店

🏠 丽江市古城区五一街兴仁路上段 88 号

☎ 0888-8888676

　　这里提供的主要是极富云南特色的著名小吃，而且种类非常丰富。

🛏 住

● 自由生活驿站

🏠 丽江市古城区光义街忠义巷 125 号
☎ 0888-5185778

　　客栈按照纳西族大户人家民居的布局进行规划和建造，有独立小院，绿化做得非常不错。

● 四福雅舍精品客栈

🏠 丽江市古城区五一街兴仁上段 76 号
☎ 13308888807

　　客栈地理位置优越，步行 3 分钟即可到达古城的中心——四方街。

● 丽江和府皇冠假日酒店

🏠 丽江市古城区祥和路 276 号
☎ 0888-5588888

　　酒店里拥有一大片园林景观，古色古香的建筑和色彩鲜艳的茶花形成一幅绝美的风景画。

● 丽江古城英迪格酒店

🏠 丽江市古城区七一街兴文巷 111 号
☎ 0888-5599111

　　这是洲际酒店集团旗下的英迪格品牌酒店，酒店将茶马古道的文化精髓融入了酒店的各个层面。

● 束河松云壹号度假客栈

🏠 丽江市束河古镇青龙路 1 号
☎ 0888-5123966

　　客栈里拥有一流的环境，二层小木楼颇有韵味。

● 丽江悦榕庄

🏠 丽江市古城区束河古镇悦榕路 1 号
☎ 0888-5331111

　　酒店拥有极佳的地理位置和非同寻常的优雅环境，有一座观景湖置于其中，旁边还有亭台楼阁，景色相当怡人。

🚗 行

　　在丽江古城内步行或骑自行车即可完成游览，到束河古镇、白沙古镇、玉龙雪山等地可乘坐公交车，或者包车前往。

附录 1 中国亲子游必去的十大博物馆

1. 国家动物博物馆

　　国家动物博物馆是中国科学院动物研究所面向社会服务的窗口。展馆下设动物多样性与进化、无脊椎动物、鸟类、濒危动物、蝴蝶、昆虫、动物与人、动物所发展历程等 10 个展厅，另有 4D 动感电影院。动物标本馆现集中在独立的标本楼内，包括鱼类及两栖爬行类标本分馆、无脊椎动物标本分馆、兽类标本分馆、鸟类标本分馆、昆虫标本分馆和标本数字化分馆。标本馆馆藏标本几乎包括了在我国分布的各主要类群和代表性种类。

2. 北京自然博物馆

　　北京自然博物馆根据青少年心理特点新开辟的互动式探索自然奥秘的科普教育活动场所——"动物之美""恐龙世界"等，让观众在欢乐轻松的氛围中，探索自然、热爱科学。北京自然博物馆还不定期推出各种临时主题展览，如"猛犸象""人体的奥秘"以及连续 12 年推出的"动物生肖"展等。这里是科普乐园，大人和孩子都可以在这里学到自然科学知识，轻松进入科学世界。

3. 北京天文馆

　　北京天文馆经常针对青少年学生组织天文知识培训、天文知识讲座、知识竞赛和天文科技夏（冬）令营等科普活动，引导和培养学生对自然科学的兴趣和爱好。1995 年以来，天文馆先后被定为国家和市、区级科普教育基地，科学与和平教育基地，青少年爱国主义教育基地等。

4. 中国航空博物馆

　　中国航空博物馆展出的飞机是中国航空工业及人民空军发展的历史见证。从国产第一批第一架亚音速喷气式歼击机到我国自行设计、制造的超音速喷气式歼击机，从强击机、轰炸机到运输机、直升机，从我国第一架预警机到第一架电子干扰机，均一一进行了展示，国产的各种型号的飞机琳琅满目。

5. 浙江自然博物馆

　　浙江自然博物馆新馆通过"地球生命故事""丰富奇异的生物世界""绿色浙江"三大板块展示，诠释了人类与自然的和谐发展。序厅大型生物展示墙上有海百合化石、灰鲸骨骼、鲸鲨等大型标本。

6. 南宋官窑博物馆

南宋官窑博物馆以宋朝龙窑遗址为基础而建立，是国内少数有真窑址的博物馆之一，窑址身后的文化底蕴让它成为中国第一座陶瓷主题博物馆。在博物馆工作人员的指导下，游客能制作出自己的陶艺作品，亲身体验古代陶瓷艺人用泥与火创造陶艺文化的艰辛与乐趣。当你的手指沾上黏土时，800 年的历史就会融汇在你的指尖之上。

7. 南京古生物博物馆

南京古生物博物馆以古生物化石为本，以古无脊椎动物、古植物和微体古生物为主，是目前世界上最大的古生物专业博物馆之一。博物馆藏品丰富，展品精美，其中尤以"澄江动物群"和包括"中华龙鸟" 在内的"热河生物群"化石标本最为珍贵，堪称国宝级化石精品。

8. 陕西历史博物馆

陕西历史博物馆以其丰富的馆藏文物、博大典雅的建筑造型，将整个陕西的历史浓缩于此，被誉为"古都明珠，华夏宝库"。博物馆的建筑是典型的唐代宫殿造型，整个布局"轴线对称，主从有序，中央殿堂，四隅崇楼"，风格上既有博大雄浑、典雅凝重的唐风，又有现代美学的流露，为现代建筑中的杰作。

9. 上海昆虫博物馆

上海昆虫博物馆隶属中国科学院上海生命科学研究院，其前身是法国神父韩伯禄于 1868 年筹建的上海震旦博物馆昆虫部，该部于 1883 年在徐家汇建成，后于 1930 年在吕班路（今重庆南路）兴建新的震旦博物院，当时储藏中国所产的动植物标本为远东第一，有"亚洲的大英博物馆"之美称。经过 100 多年的创业和发展，现收藏全国各地昆虫标本 100 多万号，馆藏了一大批濒危珍稀昆虫标本及国际和国内的危险性检疫害虫标本，是中国大型的专业昆虫馆。

10. 海军博物馆

在青岛的海军博物馆里，你可以直观地看到中国海军在武器装备上的更新和发展，并且可以零距离地与那些曾经叱咤风云的战机、战舰接触，这一点是博物馆最吸引人的地方。

附录 2 中国亲子游必去的十大游乐园

1. 香港迪士尼乐园

　　香港迪士尼乐园是全球迪士尼王国的第五个成员，迪士尼的原创精神加上东方元素，创造出了第一个以华人为目标市场的迪士尼乐园。乐园共有美国小镇大街、探险世界、幻想世界及明日世界 4 个区，各有不同主题的机动游戏和餐厅，日间有巡游，晚上放烟花。

2. 上海迪士尼乐园

　　欢迎来到一个前所未见的神奇世界，在此点亮你的心中奇梦，这就是上海迪士尼乐园，无论老幼，都可以在此感受充满创造力、冒险和刺激的乐趣！把目光投向奇幻童话城堡，世界上最大的迪士尼城堡，准备好开始探索米奇大街、奇想花园、梦幻世界、探险岛、宝藏湾和明日世界吧。

3. 欢乐谷（北京）

　　北京的欢乐谷占地面积 56 万平方米，于 2006 年 7 月落成开放，是目前国内投资最高、面积最大、最为现代化的主题公园之一。欢乐谷的游乐项目新奇、刺激，有亚洲唯一的"水晶神翼"、世界落差最高的"奥德赛之旅"、世界最高的"聚能飞船"，还有中国第一部自主创新的 4D 电影等。

4. 长隆水上乐园（广州）

　　长隆水上乐园是全国著名、世界知名的水上乐园，多次荣膺"全球必去水上乐园"称号，是全球游客接待量最多的水上乐园，入园人数超过了多年排名第一的美国迪士尼水上乐园。

5. 发现王国

　　发现王国主题公园位于国家 AAAAA 级景区大连金石滩国家旅游度假区内，由曾经参与迪士尼公园设计的美国 RPVA 公司规划设计，公园占地面积约 47 万平方米。发现王国拥有世界上顶尖的游乐设施、环球风情演艺和丰富多彩的四季庆典主题活动。

6. 中华恐龙园（常州）

　　中华恐龙园是一座集科普、游乐、演艺等于一体的恐龙主题乐园，享有"东方侏罗纪"的美誉。园区现有 7 大主题区域、50 多个极限游乐项目以及每天 10 多场风格各异的主题演出。这里是史前霸主恐龙的神秘家园，也是充满欢乐与智慧的开心乐园。

7. 方特欢乐世界（芜湖）

　　方特欢乐世界由阳光广场、方特欢乐大道、渔人码头、太空世界、神秘河谷、维苏威火山、西游传说、精灵山谷、聊斋、恐龙半岛、海螺湾、嘟比农庄、儿童王国、水世界、火流星等 15 个主题项目区组成，包含主题项目、游乐项目、休闲及景观项目 300 多项。公园的内容涵盖现代科技、未来科技、科学幻想、神话传说、历史文化、综合表演、儿童游乐等多个方面，形式新颖，内容丰富，适应不同年龄层游客的需要。

8. 苏州乐园

　　苏州乐园地处苏州市高新区中心，占地 54 万平方米，以闻名遐迩的狮子山为依托。苏州乐园以东方迪士尼为主题，融参与性、观赏性、娱乐性、休闲健身于一体，是一所现代化的主题乐园。

9. 香港海洋公园

　　香港海洋公园位于香港岛南区，占地面积约 91.5 万平方米，由低地的黄竹坑山下公园、南朗山顶以及大树湾 3 个部分组成，其中山下花园与南朗山以缆车连接，号称是香港乃至东南亚地区最大的海洋公园，也是香港知名的游乐园景点。园区内有数十项娱乐项目，分为"绿野花园""儿童王国""海洋天地""山上机动城""急流天地"和"雀鸟天堂"等主题区。在这里你既可以安静、悠闲地欣赏国宝熊猫的安乐窝、海洋动物各式逗趣的表演以及以印度洋、太平洋深海世界珊瑚礁为主体的"海洋馆"，也可以在各式惊险的游乐项目中寻找刺激。不管大人还是小孩，都能在这里找到快乐。

10. 欢乐谷（深圳）

　　深圳的欢乐谷是一座融参与性、观赏性、娱乐性、趣味性于一体的中国现代主题乐园。自 1998 年开业以来，经过五期的滚动发展，深圳欢乐谷已成为国内投资规模最大、设施最先进的现代主题乐园。

附录3 中国亲子游必去的十大动物园

1. 长隆野生动物世界（广州）

广州的长隆野生动物世界被誉为中国综合规模最大、最具国际水准的国家级野生动物园。长隆野生动物世界分为自驾车游览区和步行游览区两大部分，自驾车游览区位于园区西部，放养着各种野生动物；步行游览区位于园区东部，饲养、展出来自世界各地的珍稀野生动物。

2. 上海野生动物园

上海野生动物园是中国最大的国家级野生动物园之一，这里汇集了世界各地具有代表性的珍稀动物200余种，上万余头（只），有来自非洲大草原的狮子、猎豹、长颈鹿、斑马、羚羊、犀牛等，也有中国的一级保护动物大熊猫、金丝猴、华南虎、亚洲象等。游客游园时分车入和步入两大参观区，即猛兽区和非猛兽区。园内有食肉动物放养区、食草动物放养区、火烈鸟区、散养动物区、水禽湖和珍稀动物圈养区、百鸟园、蝴蝶园及儿童宠物园，并设有动物表演等许多特色节目。在动物园步行区，你还可以观赏到白狮、白虎、白袋鼠、大熊猫、扬子鳄等世界珍稀动物，温驯的羊驼在这里到处乱跑。

3. 北京野生动物园

北京野生动物园设散放观赏区、动物表演娱乐区、科普教育区、步行观赏区、儿童动物园和游乐园等区域，建有主题动物场馆30多个。在动物散放区内，成群的狼与野猪、鹿、鸸鹋和睦相处；在步行观赏区，游人可以和鹿、狍、袋鼠等多种温驯的动物嬉戏；在主题动物场馆内，可以观赏到世界上最大的、由人工繁殖的国家一级保护动物——棕尾虹雉、白尾梢虹雉、绿尾虹雉等珍稀动物种群，同时还可以观赏到极为珍贵的，也是世界最大的黔金丝猴人工种群。

4. 大连森林动物园

大连森林动物园位于大连市南部海滨白云山风景区内，占地面积7.2平方千米。动物园分为圈养区和散养区，两地由长1250米的空中索道连接，前者建成于1997年，后者建成于2000年。园中有动物200余种，共3000多只（头）。在动物园内还有动物表演，现在分别设有象、猛兽、海豹、鸟类、综合动物5处表演场。

5. 西安秦岭野生动物园

西安秦岭野生动物园拥有 1.7 平方千米的千峰碧屏，绿树环抱，是座充盈着活力的生态谷，拥有来自世界各地的珍稀野生动物。动物园也是欢快的乐园，惊险刺激的动物歌舞表演堪称神奇。这里将自然、人与动物紧密联系在一起，游览秦岭野生动物园，无论是直观感受还是细节琢磨，都耐人寻味，让人流连忘返……

6. 青岛森林野生动物世界

青岛森林野生动物世界位于青岛市黄岛区小珠山风景区（灵珠山），是国家 AAAA 级旅游景区，也是集野生动物展示及保护、科普与餐饮、休闲娱乐于一体的大型综合性主题公园。众多动物与周边的生态环境协调发展，从而形成了青山、绿水、动物、人群自然合一的高品位生态园区。

7. 成都大熊猫繁育研究基地

成都大熊猫繁育研究基地是为了拯救濒危野生动物——大熊猫而兴建的具有世界水平的大熊猫繁育科研机构。这里展示了迄今为止人类对大熊猫的认识、考察和研究成果，展览分为大熊猫的分布、大熊猫的历史记载、大熊猫的生活奥秘、大熊猫的保护等项目。

8. 杭州野生动物世界

杭州野生动物世界占地面积 2.3 平方千米，是华东地区颇具规模且可自驾车入园游玩的野生动物园，是集动物保护、动物繁殖、濒危动物救护与保护、文化科普教育及动物科学研究于一体的，集观光游览、休闲娱乐于一身的综合性生态公园。

9. 云南野生动物园

云南是一个野生动物相对比较集中的省份，因此这里的动物园也比较有看点。云南野生动物园饲养着 200 多种，约 10000 多只（头）动物，以再造的生态景观实行放养和混养，七分自然，三分人工。

10. 海南热带野生动植物园

海南热带野生动植物园是中国首家集珍稀野生动植物科普博览、保护繁殖、观光旅游、休闲度假于一体的 AAAA 级景区，也是中国唯一一家全景式展现岛屿热带雨林野生生态系统、浓缩海南岛动植物精华的天然博物馆。